Martin Luther
Geistliche Lieder

Große Texte der Christenheit

7

Herausgegeben von
Dietrich Korsch und Johannes Schilling

Martin Luther

Geistliche Lieder

Nach dem
Babstschen Gesangbuch 1545

Herausgegeben
und kommentiert
von Johannes Schilling

EVANGELISCHE VERLAGSANSTALT
Leipzig

Bibliografische Information der Deutschen Nationalbibliothek
Die Deutsche Nationalbibliothek verzeichnet diese Publikation in
der Deutschen Nationalbibliografie; detaillierte bibliografische Daten
sind im Internet über http://dnb.dnb.de abrufbar.

© 2019 by Evangelische Verlagsanstalt GmbH, Leipzig
Printed in Germany

Cover: makena plangrafik, Leipzig
Satz: Druckerei Böhlau, Leipzig
Druck und Binden: CPI books GmbH, Leck

ISBN 978-3-374-05850-1
www.eva-leipzig.de

ORDINI THEOLOGORVM VNIVERSITATIS HAFNIENSIS
OB DIGINITATEM DOCTORIS THEOLOGIAE HONORIS CAUSA
ANNO MMXVII SIBI OBLATAM
GRATO ANIMO HUNC LIBRVM DEDIT QUI SCRIPSIT

Vorwort

Martin Luthers geistliche Lieder sind ohne Zweifel große Texte der Christenheit. Sie gehören zu den wirkungsvollsten und lebendigsten Zeugnissen seines Glaubens und seiner Theologie und sind seit Jahrhunderten Christenmenschen in aller Welt zu einer Singschule des Glaubens geworden. In einer Reihe wie der unseren können und dürfen sie daher nicht fehlen.

Der schönste Zugang zu diesen Liedern geschieht im Singen, denn dazu sind sie bestimmt. Wer sie aber, wie durch diese Ausgabe, lesend aufnimmt, lese sie laut – die Schreibweise der hier gebotenen Quelle ist gegenüber den Ausgaben der Lieder aus den 1520er Jahren weit fortgeschritten und ermöglicht auch gegenwärtigen Lesern einen leichten Zugang.

Die vorliegende Ausgabe bietet Luthers Lieder in den Fassungen des letzten zu seinen Lebzeiten erschienenen Gesangbuchs, des „Babstschen Gesangbuchs" von 1545, das der Leipziger Druckerverleger Valentin Babst in diesem Jahr herausgab und zu dem Luther eine neue Vorrede verfasste.

Babsts Gesangbuch erschien mit Noten. Unsere Ausgabe bietet Luthers Lieder dagegen ohne Noten. Die meisten Melodien sind mit den Liedern im Evangelischen Gesangbuch greifbar. Außerdem ist vor drei Jahren eine Ausgabe der Lieder mit Noten erschienen: Martin Luther, Die Lieder. Hrsg. von Jürgen Heidrich und Johannes Schilling. Stuttgart 2016. In dieser Ausgabe finden sich neben den Melodien auch weitere Angaben zur Entstehungs- und Rezeptionsgeschichte der einzelnen Lieder.

Die vorliegende Ausgabe unterscheidet sich von der von 2016 vor allem dadurch, dass hier auf eine einzige, und zwar die letzte authentische Quelle zu Lebzeiten Luthers zurückgegriffen wird. Damit haben alle, die sich mit Luthers Liedern befassen wollen, eine verlässliche Textausgabe. Eine kritische Gesamtausgabe von Luthers Liedern fehlt bisher. Eine solche wäre durchaus wünschenswert, würde aber ausdrücklich wissenschaftliche Ziele verfolgen; hier steht, ohne Einschränkung der historischen Genauigkeit, der geistliche Charakter der Lieder im Mittelpunkt.

Anders als bei größeren zusammenhängenden Texten in unserer Reihe müssen die Erläuterungen zu diesem Band einerseits generelle und andererseits für die jeweiligen Texte spezifische Fragen behandeln. Daher werden in einer Einführung Grundfragen von Luthers Liedschaffen erläutert. Was zum Verständnis der einzelnen Texte erforderlich ist, wird anschließend zu den einzelnen Liedern geboten. Dankbar habe ich dabei die reiche wissenschaftliche Literatur, insbesondere die Beiträge in der Liederkunde zum Evangelischen Gesangbuch, benutzt, ohne dass ich im einzelnen – oder nur in Ausnahmefällen - auf sie verweise. Das Literaturverzeichnis soll gleichwohl Wege zur eigenen Arbeit an den Liedern anregen.

Einen umfassenden Kommentar zu den Liedern möge man daher nicht erwarten. Nicht behandelt werden Fragen der Melodien der Lieder, ebenso wenig solche der poetischen Machart der Dichtungen. Eingegangen wird dagegen auf ihre Entstehung und Verbreitung, auf ihre biblischen Vorlagen und Hintergründe und auf Zusammenhänge innerhalb von Luthers Schriften. Ein „theologischer Kommentar" schiene mir deshalb zu hoch gegriffen für diese Erläuterungen; erstrebt habe ich vielmehr so etwas wie eine theologisch informierte Anleitung zum Lesen und auch zum Singen der Lieder. Dass Art und

Umfang der Kommentierungen unterschiedlich ausgefallen sind, ist (auch) den Texten und ihrer Verbreitung geschuldet. Und manche Themen kommen in mehreren Liedern vor und werden doch nicht in jedem Falle kommentiert.

Die Ausgabe ist für ein möglichst großes Publikum bestimmt. Man kann deshalb nur die Texte und Erläuterungen zur Kenntnis nehmen; es gibt aber da und dort auch Beiträge zur Forschung, die für den einen oder die andere von Interesse sein könnten. Und wo die Quellen des 16. Jahrhunderts digital verfügbar sind, habe ich ausdrücklich darauf hingewiesen. Die Zählung der Lieder folgt der Zählung der Quelle.

Ich danke meinem Mitherausgeber und Freund Dietrich Korsch und meinem Bruder Christoph Schilling, Pfarrer i. R. in Wächtersbach und selbst Dichter geistlicher Lieder, für die fortlaufende Lektüre meiner Entwürfe und für zahlreiche Anregungen, die ich gern aufgenommen habe. Die gemeinsame Arbeit mit Jürgen Heidrich wirkt auch in dieser Ausgabe nach.

Die Zusammenarbeit mit Barbara Böhlau war eine Freude. Mein Sohn Konrad Schilling hat mir bei den Korrekturen geholfen. Und meine Mitarbeiterin Brinja Bauer M. Ed. hat mich, wie seit langem, auch bei den Arbeiten an diesem Büchlein unterstützt. Nicht zuletzt danke ich allen, die in vielen Jahren diese großen Texte mit mir gelesen und die Lieder mit mir gesungen haben, allen voran meiner Familie, meinen Studenten und den Besuchern der Universitätsgottesdienste in Kiel.

Das Buch ist als Zeichen meiner großen Dankbarkeit der Theologischen Fakultät der Universität Kopenhagen gewidmet, die mir im Jahr des Reformationsjubiläums 2017 die Würde eines Ehrendoktors verliehen hat.

Kiel, im September 2019   Johannes Schilling

Geystliche Lieder. Leipzig: Valentin Babst 1545

Inhalt

B   Erläuterungen

C Anhang

A
Texte

Vorrhede D. Mart. Luth.

DEr xcvj. Psalm spricht / Singet dem HERRN ein newes lied /
Singet dem HERrn alle welt. Es war im alten testament vnter
dem Gesetz Mose / der Gottes dienst fast schwer vnd mühselig /
da sie so viel vnd mancherley Opffer thun musten / von allem
das sie hatten / beide / zu hause vnd zu felde / Welchs das   5
volck / so da faul vnd geitzig war / gar vngerne thet / oder alles
vmb zeitlichs geniesses willen thet. Wie der Prophet Maleachi
am j. sagt / Wer ist vnter euch der vmbsonst eine thür zu-
schliesse / oder ein liecht auff meinem Altar anzünde? [Mal 1,10]
Wo aber ein solch faul vnwillig hertze ist / da kan gar nichts /   10
oder nichts guts gesungen werden. Frölich vnd lustig mus hertz
vnd mut sein / wo man singen sol. Darumm hat Gott / solchen
faulen vnd vnwilligen Gottes dienst faren lassen / wie er da-
selbst weiter spricht / Ich habe keine lust zu euch / spricht der
HERR Zebaoth / vnd ewer speisopffer gefallen mir nicht von   15
ewern henden / Denn vom auffgang der Sonne bis zu yhrem ni-
dergang / ist mein Name herrlich vnter den heiden / Vnd an allen orten wird meinem Namen reuchwerck geopffert / vnd ein
rein speisopffer / Denn gros ist mein Name vnter den heiden /
spricht der HERR Zebaoth. [Mal 1,10 f.]   20

Also ist nu im newen Testament ein besser Gotts dienst /
dauon hie der Psalm sagt / Singet dem HERRN ein newes
lied / Singet dem HERRN alle welt. [Ps 96,1] Denn Gott hat
vnser hertz vnd mut frölich gemacht / durch seinen lieben
Son / welchen er für vns gegeben hat zur erlösung von sun-   25
den / tod vnd Teuffel. Wer solchs mit ernst gleubet / der kans
nicht lassen / er mus frölich vnd mit lust dauon singen vnd

sagen / das es andere auch hŏren vnd herzukomen. Wer aber
nicht dauon singen vnd sagen wil / das ist ein zeichen / das ers
30 nicht gleubet / vnd nicht ins new frŏliche Testament / Sondern vnter das alte / faule / vnlustige Testament gehŏret.

Darumb thun die drucker sehr wol dran / das sie gute lieder vleissig drucken / vnd mit allerley zierde / den leuten angeneme machen / damit sie zu solcher freude des glaubens ge-
35 reitzt werden / vnd gerne singen. Wie denn dieser druck Val-
tin Babsts / sehr lustig zugericht ist / Gott gebe / das damit
dem Rŏmischen Bapst der nichts denn heulen / trawren vnd
leid in aller welt hat angericht / durch seine verdampte /
vntregliche vnd leidige gesetze / grosser abbruch vnd schaden
40 geschehe / Amen.

Ich mus aber das auch vermanen / das lied / so man zum
grabe singet / Nu last vns den leib begraben / fŭret meinen
namen / aber es ist nicht mein / vnd sol mein name hinfurt
dauon gethan sein / Nicht das ichs verwerffe / denn es gefel-
45 let mir sehr wol / vnd hat ein guter Poet gemacht / genant
Johannes Weis / on das er ein wenig geschwermet hat am Sacrament / Sondern ich wil niemand sein erbeit mir zu eigen.

Vnd ym De profundis / sols also stehn / Des mus dich
fŭrchten jederman. Ist versehen / oder ist vbermeistert / das
50 fast in Bŭchern stehet / Des mus sich fŭrchten jederman. Vt
timearis. Denn es ist Ebreisch geredt / wie Mat. xv. Vergeblich
fŭrchten sie mich mit menschen lere. [Mt 15,9] Vnd Psal. xiiij.
vnd Psal. liij. Sie ruffen den HERRN nicht an / Da fŭrchten
sie / da nicht zu fŭrchten ist. [Ps 14,4 f.; Ps 53,5 f.] Das ist / sie
55 kŏnnen viel demut / bucken vnd tucken in jrem Gottes
dienst / da ich keinen Gottes dienst wil haben, Also ist hie
auch die meinung / Weil sonst nirgend vergebung der sunden
zu finden ist / denn bey dir / So mŭssen sie wol alle abgŏtterey
faren lassen / vnd thuns gern / das sie sich fŭr dir bucken /

tucken / zum creutz kriechen / vnd allein dich in ehren hal- ⁶⁰
ten / vnd zu dir zuflucht haben / vnd dir dienen / als die deiner gnaden leben / vnd nicht jrer eigen gerechtigkeit etc.

3 fast *sehr*   34 denn *denn als*   46 on *abgesehen davon, nur*   47 erbeit /   mir   zu   eigen   *Arbeit   mir   aneignen*   49   vbermeistert
verschlimmbessert   55 bucken und tucken *bücken und beugen sich*

I.

Der Hymnus / Veni redemptor gentium / Durch D. Mart. Luther verdeutscht

NV kom der heiden Heiland /
der Jungfrawen kind erkand /
Das sich wunder alle welt /
Gott solch geburt jm bestelt.

5 Nicht von mans blut noch von fleisch /
allein von dem heiligen Geist /
Ist Gottes wort worden ein mensch /
vnd blůet ein frucht weibes fleisch.

Der Jungfraw leib schwanger ward /
10 doch bleib keuscheit rein beward /
Leucht erfůr manch tugend schon /
Gott da ward in seinem thron.

Er gieng aus der kamer sein /
dem kŏnglichen saal so rein /
15 Gott von art vnd mensch ein held /
sein weg er zu lauffen eilt.

Sein lauff kam vom Vater her /
vnd kert wider zum Vater /
Fuhr hinunter zu der hell /
20 vnd wider zu Gottes stuel.

Der du bist dem Vater gleich /
für hinaus den sieg im fleisch /
Das dein ewig Gottes gewalt /
in vns das kranck fleisch enthalt.

Dein krippen glentzt hell vnd klar /   25
die nacht gibt ein new liecht dar /
Tunckel mus nicht komen drein /
der glaub bleibt imer im schein.

Lob sey Gott dem Vater thon /
lob sey Gott seim einigen Son /   30
Lob sey Gott dem heiligen Geist /
imer vnd in ewigkeit / Amen.

2 *der du als Kind der Jungfrau erkannt wirst*   4 *Gott bereitet ihm eine sol-che Geburt*   8 *und lebt als Frucht des Leibes einer Frau*   22 *vollbringe den Sieg als Mensch*   24 *in uns das schwache Fleisch erhalte*

II.

Der Hymnus A solis ortu /
Durch Mart. Luther verdeutscht.
Der Deutsch text singt sich auch wol vnter
die latinischen noten.

CHristum wir sollen loben schon /
der reinen magd Marien Son /
So weit die liebe sonne leucht /
vnd an aller welt ende reicht.

5   Der selig schöpffer aller ding /
zog an eins knechtes leib gering /
Das er das fleisch durchs fleisch erwörb /
vnd sein geschöpff nicht alls verdörb.

Die Göttlich gnad von himel gros /
10   sich in die keusche Mutter gos /
Ein meidlin trug ein heimlich pfand /
das der natur war vnbekand.

Das züchtig haus des hertzen zart /
gar bald ein tempel Gottes ward /
15   Die kein man rüret noch erkand /
von Gotts wort sie man schwanger fand.

Die edle Mutter hat geborn /
den Gabriel verhies zuuorn /
Den Sanct Johans mit springen zeigt /
20   da er noch lag in Mutter leib.

Er lag im hew mit armut gros /
die Krippen hart jn nicht verdros /
Es ward ein kleine milch sein speis /
der nie kein voͤglin hungern lies.

Des himels Choͤr sich frewen drob /   25
vnd die Engel singen Gott lob /
Den armen hirten wird vermelt /
der Hirt vnd schoͤpffer aller welt.

Lob ehr vnd danck sey dir gesagt /
Christ geborn von der reinen magd /   30
Mit Vater vnd dem heiligen Geist /
von nu an bis in ewigkeit.
     AMEN.

---

7 um die Menschen durch einen Menschen zu erlösen   8 ... *nicht vollständig verderben sollte*   11 *eine junge Frau trug einen verborgenen Schatz* 13 f. *die keusche Wohnung eines zarten Herzens wurde sogleich zum Tempel Gottes*   15 *kein Mann berührt oder geschwängert hat*   27 *vermeldet, verkündigt*

III.
Ein Lobgesang / von der geburt
vnsers HErrn Jhesu Christi.
D. Mart. Luther.

GElobet seistu Jhesu Christ /
das du mensch geboren bist /
Von einer Jungfraw das ist war /
des frewet sich der Engel schar /
5   Kyrioleis.

Des ewigen Vaters einig kind /
itzt man in der krippen find /
In vnser armes fleisch vnd blut /
verkleidet sich das ewig Gut /
10   Kyrioleis.

Den aller welt kreis nie beschlos /
der ligt in Marien schos /
Er ist ein kindlein worden klein /
der alle ding erhelt allein /
15   Kyrioleis.

Das ewig liecht gehet da herein /
gibt der welt ein newen schein /
Es leucht wol mitten in der nacht /
vnd vns des liechtes kinder macht /
20   Kyrioleis.

Der Son des Vaters Gott von art /
ein gast in der werlet ward /
vnd fůrt vns aus dem jamertal /
er macht vns erben in seim saal /
Kyrioleis.   25

Er ist auff erden komen arm /
das er vnser sich erbarm /
Vnd in dem Himel machet reich /
vnd seinen lieben Engeln gleich /
Kyrioleis.   30

Das hat er alles vns gethan /
sein gros lieb zu zeigen an /
Des frew sich alle Christenheit /
vnd danck jm des in ewigkeit /
Kyrioleis.   35

4 *darüber freut*   11 *der ganze Weltkreis nie fassen konnte*   19 *uns zu Kin-*
dern ... macht   21 *dem Wesen nach Gott*   22 *Welt*   32 *zu erweisen*   33
darüber freue sich die ganze   34 *dafür*

IV.

Ein Kinderlied / auff die Weihenachten / vom kindlein
Jhesu / Aus dem ij. Cap. des Euangelij S. Lucas gezogen etc.
D. Mart. Luther.

VOm Himel hoch da kom ich her /
ich bring euch gute newe mehr /
der guten mehr bring ich so viel /
dauon ich singen vnd sagen wil.

5   Euch ist ein kindlein heut geborn /
von einer Jungfraw auserkorn /
Ein kindelein so zart vnd fein /
das sol ewr freud vnd wonne sein.

Es ist der HERR Christ vnser Gott /
10 der wil euch fürn aus aller not /
Er wil ewr Heiland selber sein /
von allen sunden machen rein.

Er bringt euch alle seligkeit /
die Gott der Vater hat bereit /
15 das jr mit vns im himelreich /
solt leben nu vnd ewigleich.

So mercket nu das zeichen recht /
die krippen / windelein so schlecht /
Da findet jr das Kind gelegt /
20 das alle welt erhelt vnd tregt.

Des lasst vns alle frölich sein /
vnd mit den hirten gehen hinein /
Zu sehen was Gott vns hat beschert /
mit seinem lieben Son verehrt.

Merck auff mein hertz vnd sich dort hin / 25
was ligt doch in dem krippelin /
Wes ist das schöne kindelin /
es ist das liebe Jhesulin.

Bis willekom du edler gast /
den Sunder nicht verschmehet hast / 30
Vnd kömpst ins elend her zu mir /
wie sol ich imer dancken dir?

Ah HERR du schöpffer aller ding /
wie bistu worden so gering /
Das du da ligst auff dürrem gras / 35
dauon ein rind vnd esel ass.

Vnd wer die welt viel mal so weit /
von edel stein vnd gold bereit /
so wer sie doch dir viel zu klein /
zu sein ein enges wigelein. 40

Der sammet vnd die seiden dein /
das ist grob hew vnd windelein /
Dar auff du Köng so gros vnd reich /
her prangst als wers dein Himelreich.

45 Das hat also gefallen dir /
    die warheit anzuzeigen mir /
    Wie aller welt macht / ehr vnd gut /
    fûr dir nichts gilt / nichts hilfft noch thut.

    Ah mein hertzliebes Jhesulin /
50 mach dir ein rein sanfft bettelin /
    zu rugen in meins hertzen schrein /
    das ich nimer vergesse dein.

    Dauon ich allzeit frôlich sey /
    zu springen singen imer frey /
55 das rechte Susaninne schon /
    mit hertzen lust den sûssen thon.

    Lob ehr sey Gott im hôchsten thron /
    der vns schenckt seinen einigen Son /
    des frewen sich der Engel schar /
60 vnd singen vns solchs newes jar.

---

2 *Kunde, Nachricht* 6 *erwählten Jungfrau* 21 *darüber* 29 *Sei will-
kommen* 37 *wäre* 43 *König* 47 *dass* 48 *vor* 51 *ruhen* 59 *darüber*

V.
Ein ander Christlied Jm vorigen Thon.
Martin. Luther.

VOn himel kam der engel schar /
erschein den hirten offenbar /
Sie sagten jn / ein Kindlein zart /
das ligt dort in der krippen hart.

Zu Bethlehem in Dauids stadt /   5
wie Micha das verkůndet hat /
Es ist der HErre Jhesus Christ /
der ewer aller Heiland ist.

Des solt jr billich frŏlich sein /
das Gott mit euch ist worden ein /   10
Er ist geborn ewr fleisch vnd blut /
ewr bruder ist das ewig gut.

Was kan euch thun die sund vnd tod /
jr habt mit euch den waren Gott /
Lasst zůrnen Teuffel vnd die hell /   15
Gotts Son ist worden ewr gesell.

Er wil vnd kan euch lassen nicht /
setzt jr auff jn ewr zuuersicht /
Es mŏgen euch viel fechten an /
dem sey trotz ders nicht lassen kan.   20

Zu letzt müst jr doch haben recht /
ir seid nu worden Gotts geschlecht /
Des dancket Gott in ewigkeit /
geduldig frölich alle zeit.

25   AMEN.

2 *sichtbar*   9 *darüber ... mit Recht*   10 *eins / einig geworden*   11 *Er ist
als euer Fleisch und Blut, d. h. als Mensch geboren*   17 *verlassen*   21 *Recht
behalten*

VI.
Der Himnus / Hostis Herodes / Jm Thon / A solis ortu etc.
D. Mart. Luther.

WAs fürchstu feind Herodes seer /
das vns geborn kŏmpt Christ der HERR?
Er sucht kein sterblich kŏnigreich /
der zu vns bringt sein himelreich.

Dem stern die Weisen folgen nach /   5
Solch liecht zum rechten liecht sie bracht /
Sie zeigen mit den gaben drey /
dis kind / Gott / mensch vnd kŏnig sey.

Die Tauff im Jordan an sich nam /
das himelische Gottes lamb /   10
Dadurch / der nie kein sunde that /
von sunden vns gewaschen hat.

Ein wunderwerck da new geschach /
sechs steinern krüge man da sach /
vol wassers das verlor sein art /   15
roter wein durch sein wort draus ward.

Lob ehr vnd danck sey dir gesagt /
Christe geborn von der reinen Magt /
Mit Vater vnd dem heiligen Geist /
von nu an bis in ewigkeit.   20
    Amen.

2 *in seiner Geburt zu uns kommt*   8 *... dass dieses Kind ... ist*   15 *Eigenschaft*

VII.

Der Lobgesang Simeonis / des Altuaters / Nunc dimittis / Luce ij.
D. Mart. Luther.

MJt fried vnd freud ich far dahin /
in Gottes wille /
Getrost ist mir mein hertz vnd sinn /
sanfft vnd stille /
5   Wie Gott mir verheissen hat /
der tod ist mein schlaff worden.

Das macht Christus wahr Gottes son /
der trewe Heiland /
Den du mich HERR hast sehen lon /
10   vnd macht bekand /
Das er sey das leben /
vnd heil in nôt vnd sterben.

Den hastu allen fûr gestelt /
mit grossen gnaden /
15   Zu seinem reich die gantze welt /
heissen laden /
Durch dein tewer heilsam wort /
an allem ort erschollen.

Er ist das heil vnd selig liecht /
für die heiden /   20
Zur leuchten die dich kennen nicht /
vnd zu weiden /
Er ist deins volcks Jsrael /
der preis / ehr / freud vnd wonne.

9 *lassen*   13 *vor Augen gestellt*   16 *einladen lassen*   21 *zu erleuchten*

VIII.
Christ ist erstanden / gebessert.
D. Mart. Luther.

CHrist lag in todes banden /
fůr vnser sund gegeben /
Der ist wider erstanden /
vnd hat vns bracht das leben /
5   Des wir sŏllen frŏlich sein /
Gott loben vnd danckbar sein /
vnd singen Haleluia / Haleluia.

Den tod niemand zwingen kund /
bey allen menschen kinden /
10   Das macht alles vnser sund /
kein vnschuld war zu finden /
Dauon kam der tod so bald /
vnd nam vber vns gewalt /
hielt vns in seim reich gefangen / Haleluia.

15   Jhesus Christus Gottes Son /
an vnser stat ist komen /
Vnd hat die sunde abgethan /
damit dem tod genomen /
All sein recht vnd sein gewalt /
20   da bleibt nichts denn tods gestalt /
den stachel hat er verloren / Haleluia.

Es war ein wůnderlich krieg /
da tod vnd leben rungen /
Das leben behielt den sieg /

es hat den tod verschlungen /   25
Die Schrifft hat verkůndet das /
wie ein tod den andern fras /
ein spot aus dem tod ist worden / Haleluia.

Hie ist das recht Osterlamb /
dauon Gott hat geboten /   30
Das ist an des creutzes stam /
in heisser lieb gebroten /
Des blut zeichnet vnser thůr /
das helt der glaub dem tod fůr /
der wůrger kan vns nicht růren / Haleluia.   35

So feiren wir dis hohfest /
mit hertzen freud vnd wonne /
Das vns der HERR scheinen lesst /
er ist selber die Sonne /
Der durch seiner gnaden glantz /   40
erleucht vnser hertzen gantz /
der sunden nacht ist vergangen / Haleluia.

Wir essen vnd leben wol /
in rechten osterfladen /
Der alte sawrteig nicht sol /   45
sein bey dem wort der gnaden /
Christus wil die koste sein /
vnd speisen die seel allein /
der glaub wil keins andern leben / Haleluia.

---

5 *darüber*   28 *Gespött*   32 *gebraten*   34 *entgegen*   35 *Mörder ... beun-*
ruhigen   44 *Osterspeise*   49 *von nichts anderem*

IX.
Ein lobgesang / auff das Osterfest.
D. Mart. Luther.

JHesus Christus vnser Heiland /
der den tod vberwand /
Jst aufferstanden /
die sund hat er gefangen /
Kyrieeleison.

Der on sunden war geborn /
trug für vns Gotts zorn /
Hat vns versönet /
das vns Gott sein huld gönnet /
Kyrieeleison.

Tod / sund / leben vnd genad /
alls in henden er hat /
Er kan erretten /
alle die zu jm tretten /
Kyrieeleison.

X.

Der Hymnus / Veni creator spiritus / verdeutscht /
Durch D. Mart. Luther.

KOm Gott schöpffer heiliger Geist /
besuch das hertz der menschen dein /
Mit gnaden sie füll wie du weist /
das dein geschöpff vorhin sein.

Denn du bist der tröster genand /   5
des aller höchsten gabe tewr /
ein geistlich salb an vns gewand /
ein lebend brun / lieb vnd fewr.

Zünd vns ein liecht an im verstand /
gib vns ins hertz der liebe brunst /   10
Das schwach fleisch in vns dir bekand /
erhalt fest dein krefft vnd gunst.

Du bist mit gaben siebenfalt /
der finger an Gotts rechter hand /
Des Vaters wort gibstu gar bald /   15
mit zungen in alle land.

Des feindes list treib von vns fern /
den fried schaff bey vns deine gnad /
Das wir deim leiten folgen gern /
vnd meiden der seelen schad.   20

Ler vns den Vater kennen wol /
dazu Jhesum Christ seinen Son /
Das wir des glaubens werden vol /
dich beider geist zuuerston.

25   Gott Vater sey lob vnd dem Son /
der von den toden aufferstund /
Dem tröster sey dasselb gethon /
in ewigkeit alle stund.
       AMEN.

---

2 *deiner Menschen*   3 f. *Erfülle sie mit Gnade, denn du weißt, dass sie von jeher deine Geschöpfe sind.*   7 *Salbung*   10 *Brennen*   11 f. *Deine Kraft und Gunst erhalte ...*   24 *dich, den Geist von Vater und Sohn*

XI.
Veni sancte Spiritus / gebessert / Durch
D. Mart. Luther.

KOm heiliger Geist HErre Gott /
erfüll mit deiner gnaden gut /
Deiner gleubigen hertz mut vnd sin /
dein brünstige lieb entzünd in jn /
O HERR durch deines liechtes glantz /   5
zu dem glauben versamlet hast /
Das volck aus aller Welt zungen /
das sey dir HERR zu lob gesungen /
Haleluia. Haleluia.

Du heiliges liecht edler hort /   10
las vns leuchten des lebens wort /
Vnd ler vns Gott recht erkennen /
von hertzen Vater jn nennen /
O HERR behüt für fremder lehr /
das wir nicht meister suchen mehr /   15
Denn Jhesum mit rechtem glauben /
vnd jm aus gantzer macht vertrawen /
Haleluia / haleluia.

Du heilige brunst / süsser trost /
nu hilff vns frölich vnd getrost /   20
Jn deim dienst bestendig bleiben /
die trübsal vns nicht abtreiben /
O HERR durch dein krafft vns bereit /
vnd sterck des fleisches blödigkeit /

25   Das wir hie ritterlich ringen /
     durch tod vnd leben zu dir dringen /
     Haleluia / haleluia.

2 *mit dem Gut deiner Gnade*   4 *brennende*   7 *Sprachen*   10 *Schatz*
15 *keine anderen Lehrer*   22 *wegtreiben*   24 *Schwachheit*

XII.
Der lobgesang / Nu bitten wir den heiligen Geist.
D. Mart. Luther.

NV bitten wir den heiligen Geist /
vmb den rechten glauben allermeist /
Das er vns behůte / an vnserm ende /
wenn wir heim farn aus diesem elende /
Kyrioleis.   5

Du werdes liecht gib vns deinen schein /
ler vns Jhesum Christ kennen allein /
Das wir an jm bleiben / dem trewen Heiland /
der vns bracht hat / zum rechten Vaterland /
Kyrioleis.   10

Du sůsse lieb schenck vns deine gunst /
Las vns empfinden der liebe brunst /
das wir vns von hertzen / einander lieben /
vnd im friede / auff einem sinn bleiben /
Kyrioleis.   15

Du hôchster trôster in aller not /
hilff das wir nicht fůrchten schand noch tod /
Das in vns die sinne / nicht verzagen /
wenn der feind wird das leben verklagen /
Kyrioleis.   20

---

2 *vor allem anderen*   4 *aus dieser Welt*   9 *gebracht*   12 *Brennen*
14 *einmütig*

XIII.
Gott der Vater won uns bey etc.
D. Mart. Luther.

GOtt der Vater won vns bey /
vnd las vns nicht verderben /
Mach vns aller sunden frey /
vnd helff vns selig sterben /
5   Fůr dem Teuffel vns bewar /
halt vns bey festem glauben /
vnd auff dich las vns bawen /
aus hertzen grund vertrawen /
dir vns lassen gantz vnd gar /
10 mit allen rechten Christen /
entfliehen Teuffels listen /
mit waffen Gotts vns fristen /
Amen amen das sey war /
so singen wir Haleluia.

15 Jhesus Christus won vns bey etc.

Der heilige Geiste won vns bey etc.

2 *wohne, stehe*   5 *Vor*   7 *dich Gott*   9 *uns auf dich verlassen*   12 *unser Leben führen*

XIV.
Die zehen Gebot Gottes lange.
D. Mart. Luther.

DJs sind die heiligen zehen Gebot /
die vns gab vnser Herre Gott /
durch Mosen seinen diener trew /
hoch auff dem berg Sinai /
Kyrioleis.   5

Ich bin allein dein Gott der HErr /
kein Gŏtter soltu haben mehr /
Du solt mir gantz vertrawen dich /
von hertzen grund lieben mich /
Kyrioleis.   10

Du solt nicht fŭren zu vnehrn /
den namen Gottes deines HErrn /
Du solt nicht preisen recht noch gut /
on was Gott selbs redt vnnd thut /
Kyrioleis.   15

Du solt heiligen den siebend tag /
das du vnd dein haus rugen mag /
Du solt von deim thun lassen ab /
das Gott sein werck in dir hab /
Kyrioleis.   20

Du solt ehrn vnd gehorsam sein /
dem vater vnd der mutter dein /
Vnd wo dein hand jn dienen kan /
so wirstu langs leben han /
25   Kyrioleis.

Du solt nicht tŏdten zorniglich /
nicht hassen noch selbs rechen dich /
Gedult haben vnd sanfften mut /
vnd auch dem feind thun das gut /
30   Kyrioleis.

Dein Ehe soltu bewaren rein /
das auch dein hertz kein andre mein /
Vnd halten keusch das leben dein /
mit zucht vnd messigkeit fein /
35   Kyrioleis.

Du solt nicht stelen gelt noch gut /
nicht wuchern jemands schweis vnd blut /
Du solt auff thun dein milde hand /
den armen in deinem land /
40   Kyrioleis.

Du solt kein falscher zeuge sein /
nicht liegen auff den nechsten dein /
Sein vnschuld solt auch retten du /
vnd seine schand decken zu /
45   Kyrioleis.

44

Du solt deins nechsten weib vnd haus /
begeren nicht / noch etwas draus /
Du solt jm wůndschen alles gut /
wie dir dein hertz selber thut /
Kyrioleis.   50

Die gebot all vns gegeben sind /
das du dein sund / o menschen kind /
Erkennen solt / vnd lernen wol /
wie man fůr Gott leben sol /
Kyrioleis.   55

Das helff vns der HErre Jhesus Christ /
der vnser mittler worden ist /
Es ist mit vnserm thun verlorn /
verdienen doch eitel zorn /
Kyrioleis.   60

---

14 *außer dem*   17 *ruhen*   23 *Und wenn*   32 *keine(n) andere(n) liebt*
34 *züchtig und maßvoll*   37 *dich nicht auf Kosten von Schweiß und Blut ei-*
nes anderen bereichern   42 *deinen Nächsten nicht anlügen*   56 *Dazu*
59 *nichts als*

XV.
Die zehen Gebot kürtzer gefasst.
D. Mart. Luther.

MEnsch wiltu leben seliglich /
vnd bey Gott bleiben ewiglich /
Soltu halten die zehn Gebot /
die vns gebeut vnser Gott /
5   Kyrioleis.

Dein Gott allein vnd HERR bin ich /
kein ander Gott sol irren dich /
Trawen sol mir das hertze dein /
mein eigen reich soltu sein /
10   Kyrioleis.

Du solt mein namen ehren schon /
vnd in der not mich ruffen an /
Du solt heilgen den Sabbath tag /
Das ich in dir wircken mag /
15   Kyrioleis.

Dem vater vnd der mutter dein /
soltu nach mir / gehorsam sein /
Niemand tödten noch zornig sein /
vnd deine ehe halten rein /
20   Kyrioleis.

Du solt eim andern stelen nicht /
auff niemand falsches zeugen icht /
Deines nechsten weib nicht begern /
vnd all seins guts gern embern /
Kyrioleis.   25

4 *gebietet*   7 *irre machen*   11 *schön, recht*   22 *gegen niemanden etwas
Falsches bezeugen*   24 *und auf all seinen Besitz bereitwillig verzichten*

XVI.
Das deutsche patrem.

WJr gleuben all an einen Gott /
Schȯpffer himels vnd der erden /
der sich zum vater geben hat /
das wir seine kinder werden /
Er wil vns allzeit ernehren /
leib vnd seel auch wol bewaren /
allem vnfal wil er wehren /
kein leid sol vns widerfaren /
er sorget fǔr vns / hut vnd wacht /
es steht alles in seiner macht.

Wir gleuben auch an Jhesum Christ /
seinen Son vnd vnsern HERren /
der ewig bey dem Vater ist /
gleicher Gott von macht vnd ehren /
Von Maria der Jungfrawen /
ist ein warer mensch geboren /
durch den heilgen geist im Glauben /
fǔr vns die wir warn verloren /
am creutz gestorben / vnd vom tod /
wider aufferstanden durch Gott.

Wir gleuben an den heiligen Geist /
Gott mit Vater vnd dem Sone /
Der aller blöden tröster heisst /
vnd mit gaben zieret schöne /
Die gantz Christenheit auff erden /   25
helt in einem sinn gar eben /
hie all sund vergeben werden /
Das fleisch sol auch wider leben /
nach diesem elend / ist bereit /
vns ein leben in ewigkeit.   30
      AMEN.

---

3 *gegeben*   6 *achtsam*   7 *Unheil*   9 *behütet*   23 *Schwachen*   24 *schön*
schmückt   26 *einträchtig zusammenhält*   29 *Fremde ist bereitet*

XVII.

Das Vater vnser / kurtz vnd gut ausgelegt / vnd in gesang weise gebracht / Durch D. Mart. Luther.

VAter vnser im himelreich /
der du vns alle heissest gleich /
brůder sein vnd dich ruffen an /
vnd wilt das beten von vns han /
5 Gib das nicht bet allein der mund /
hilff das es geh von hertzen grund.

Geheilget werd der name dein /
dein wort bey vns hilff halten rein /
Das auch wir leben heiliglich /
10 nach deinem namen wirdiglich /
HERR behůt vns fůr falscher lehr /
das arm verfůret volck beker.

Es kom dein Reich zu dieser zeit /
vnd dort hernach in ewigkeit /
15 Der heilig Geist vns wone bey /
mit seinen gaben mancherley /
Des Sathans zorn vnd gros gewalt /
zerbrich / fůr jm dein Kirch erhalt.

Dein will gescheh HERR Gott zu gleich /
auff erden wie im himelreich /
Gib vns gedult in leidens zeit /
gehorsam sein in lieb vnd leid /
Wehr vnd stewr allem fleisch vnd blut /
das wider deinen willen thut.

Gib vns heut vnser teglich brod /
vnd was man darff zur leibes not /
Behüt vns HERR für vnfrid vnd streit /
für seuchen vnd für thewrer zeit /
Das wir in gutem friede stehn /
der sorg vnd geitzes müssig gehn.

All vnser schuld vergib vns HErr /
das sie vns nicht betrüben mehr /
Wie wir auch vnsern schuldigern /
jr schuld vnd fehl vergeben gern /
Zu dienen mach vns all bereit /
in rechter lieb vnd einigkeit.

Für vns HERR in versuchung nicht /
wenn vns der böse geist anficht /
Zur lincken vnd zur rechten hand /
hilff vns thun starcken widerstand /
Jm glauben fest vnd wol gerust /
vnd durch des heilgen Geistes trost.

20

25

30

35

40

Von allem vbel vns erlös /
es sind die zeit vnd tage bös /

45 Erlös vns vom ewigen tod /
vnd tröst vns in der letzten not /
Bescher vns auch ein seligs end /
nim vnser seel in deine hend.

Amen / das ist / es werde war /

50 sterck vnsern glauben imerdar /
Auff das wir ja nicht zweiueln dran /
das wir hiemit gebeten han /
Auff dein wort in dem namen dein /
so sprechen wir das amen fein.

---

2 *allen zusammen befiehlst*   4 *haben*   18 *vor ihm*   26 *zum Leben braucht*   28 *Teuerung*   30 *frei von Sorgen und Geiz leben können*   41 *gerüstet*   42 *Hilfe*   52 *was, worum*

XVIII.

Ein geistlich lied / Von vnser heiligen Tauffe / Darin fein
kurtz gefasset / Was sie sey? Wer sie gestifftet habe?
Was sie nu̽tze etc.
D. Mart. Luther.

CHrist vnser HERR zum Jordan kam /
nach seines vaters willen /
Von Sanct Johans die Tauffe nam /
sein werck vnd ampt zur fu̽llen /
Da wolt er stifften vns ein bad /   5
zu waschen vns von sunden /
erseuffen auch den bittern tod /
durch sein selbs blut vnd wunden /
es galt ein newes leben.

So hȯrt vnd mercket alle wol /   10
Was Gott heisst selbs die Tauffe /
Vnd was ein Christen gleuben sol /
zu meiden ketzer hauffen /
Gott spricht vnd wil / das wasser sey /
doch nicht allein schlecht wasser /   15
Sein heiligs wort ist auch dabey /
mit reichem geist on massen /
der ist alhie der tauffer.

Sölchs hat er vns beweiset klar /
20 mit bilden vnd mit worten /
Des Vaters stim man offenbar /
daselbs am Jordan horte /
Er sprach / Das ist mein lieber Son /
an dem ich hab gefallen /
25 DEN wil ich euch befolhen han /
Das jr IN höret alle /
vnd folget seinem leren.

Auch Gottes Son hie selber steht /
in seiner zarten menscheit /
30 Der heilig Geist ernider fert /
in tauben bild verkleidet /
Das wir nicht sollen zweiueln dran /
wenn wir getauffet werden /
all drey person getauffet han /
35 damit bey vns auff erden /
zu wonen sich ergeben.

Sein Jünger heisst der HErre Christ /
Geht hin all welt zu leren /
Das sie verlorn in sunden ist /
40 sich sol zur busse keren /
Wer gleubet vnd sich teuffen lesst /
sol dadurch selig werden /
ein newgeborner mensch er heisst /
der nicht mehr könne sterben /
45 das himelreich sol erben.

54

Wer nicht gleubt dieser grossen gnad /
der bleibt in seinen sunden /
Vnd ist verdampt zum ewigen tod /
tieff in der hellen grunde /
Nichts hilfft sein eigen heiligkeit /   50
all sein thun ist verloren /
die Erbsund machts zur nichtigkeit /
darin er ist geboren /
vermag jm selbs nichts helffen /

Das aug allein das wasser siht /   55
wie menschen wasser giessen /
Der glaub im geist die krafft versteht /
des blutes Jhesu Christi /
Vnd ist für im ein rote flut /
von Christus blut geferbet /   60
die allen schaden heilen thut /
von Adam her geerbet /
auch von vns selbs begangen.

4 *zu erfüllen*   8 *eigenes*   15 *jedoch nicht einfach nur Wasser*   29 *verletz-lichen*   31 *in Gestalt einer Taube*   35 f. *und sich damit hingegeben haben, bei uns auf Erden zu leben*   49 *am Höllengrund*

XX.

S. Joannes Hussen lied / gebessert.
D. Mart. Luther.

JHesus Christus vnser Heiland /
der von vns den Gottes zorn wand /
Durch das bitter leiden sein /
halff er vns aus der hellen pein.

5   Das wir nimer des vergessen /
gab er vns sein leib zu essen /
Verborgen im brod so klein /
vnd zu trincken sein blut im wein.

Wer sich wil zu dem tisch machen /
10   der hab wol acht auff sein sachen /
Wer unwirdig hinzu geht /
für das leben den tod empfeht.

Du solt Gott den Vater preisen /
das er dich so wol wolt speisen /
15   Vnd für deine missethat /
in den tod sein Son geben hat.

Du solt gleuben vnd nicht wancken /
das ein speise sey den krancken /
Den jr hertz von sunden schwer /
20   vnd für angst ist betrübet seer.

Solch gros gnad vnd barmhertzigkeit /
sucht ein hertz in grosser erbeit /
Ist dir wol / so bleib dauon /
das du nicht kriegest bösen lohn.

Er spricht selber / Kompt jr armen /   25
lasst mich vber euch erbarmen /
Kein artzt ist dem starcken not /
sein kunst wird an jm gar ein spot.

Hetstu dir was kund erwerben /
was dürfft ich denn für dich sterben?   30
Dieser tisch auch dir nicht gilt /
so du selber dir helffen wilt.

Gleubstu das von hertzen grunde /
vnd bekennest mit dem munde /
So bistu recht wol geschickt /   35
vnd die speise dein seel erquickt.

Die frucht sol auch nicht aus bleiben /
deinen nechsten soltu lieben /
Das er dein geniessen kan /
wie dein Gott an dir hat gethan.   40

---

4 *von der Höllenstrafe*   5 *das niemals*   10 *der soll genau auf seinen Zu-
stand / seine Schuld achten*   12 *anstelle*   18 *Schwachen*   22 *Bedrängnis*
28 *seine Machenschaften werden an ihm zunichte*   29 f. *Wenn du dir etwas
hättest erwerben können, warum hätte ich dann für dich sterben müssen?*
39 *Nutzen von dir haben*

XXI.
Der Lobsang / Gott sey gelobet.
D. Mart. Luther.

GOtt sey gelobet vnd gebenedeiet /
der vns selber hat gespeiset /
Mit seinem fleische vnd mit seinem blute /
das gib vns HERR Gott zu gute /
5   Kyrieleison /
HERR durch deinen heiligen leichnam /
der von deiner Mutter Maria kam /
vnd das heilige blut /
hilff vns HERR aus aller not /
10   Kyrieleison.

Der heilig leichnam ist für vns gegeben /
zum tod / das wir dadurch leben /
Nicht grösser güte kund er vns geschencken /
dabey wir sein soln gedencken /
15   Kyrieleison /
HERR dein lieb so gros dich zwungen hat /
das dein blut an vns gros wunder that /
Vnd bezalt vnser schuld /
das vns Gott ist worden hold /
20   Kyrieleison.

Gott geb vns allen seiner gnaden segen /
das wir gehn auff seinen wegen /
Jn rechter lieb vnd brüderlicher trewe /
das vns die speis nicht gerewe/
25   Kyrieleison /

HERR dein heilig Geist vns nimer las /
der vns geb zu halten rechte mas /
Das dein arm Christenheit /
leb in fried vnd einigkeit.
Kyrieleison. 30

1 *gepriesen* 6 *Leib* 12 *in den Tod, damit* 16 *gezwungen* 19 *geneigt*
24 *reue* 26 *verlasse uns nie*

XXII.
Der XII. Psalm / Saluum me fac Domine.

AH Gott von himel sich darein /
vnd las dich des erbarmen /
Wie wenig sind der heilgen dein /
verlassen sind wir armen /
5   Dein wort man lesst nicht haben war /
der glaub ist auch verloschen gar /
bey allen menschen kinden.

Sie leren eitel falsche list /
was eigen witz erfindet /
10   Jr hertz nicht eines sinnes ist /
in Gottes wort gegründet /
Der wehlet dis / der ander das /
sie trennen vns on alle mas /
vnd gleissen schön von aussen.

15   Gott wolt ausrotten alle lahr /
die falschen schein vns leren /
Darzu jr zung stoltz offenbar /
spricht trotz / wer wils vns wehren?
Wir haben recht vnd macht allein /
20   was wir setzen das gilt gemein /
wer ist der vns sol meistern.

Darumb spricht Gott / Jch mus auff sein /
die armen sind verstöret /
Jr seufftzen dringt zu mir herein /
ich hab jr klag erhöret /   25
Mein heilsam wort sol auff den plan /
getrost vnd frisch sie greiffen an /
vnd sein die krafft der armen.

Das silber durchs fewr sieben mal /
bewert wird lauter funden /   30
Am Gottes wort man warten sol /
des gleichen alle stunden /
Es wil durchs creutz beweret sein /
da wirt sein krafft erkand vnd schein /
vnnd leucht starck in die lande.   35

Das wolstu Gott bewaren rein /
für diesem argen gschlechte /
Vnd las vns dir befolhen sein /
das sichs in vns nicht flechte /
Der Gottlos hauff sich vmbher find /   40
wo diese lose leute sind /
in deinem volck erhaben.

5 *gelten*   6 *ganz erloschen*   8 f. *Sie lehren nur falschen Trug, den ihr eigener Geist erfindet*   13 *sie spalten uns maßlos*   14 *glänzen äußerlich schön*   15 *Gott möge alle Lehre vertilgen*   17 *zudem spricht ihr Mund stolz und unverhohlen*   21 *wer wollte sich anmaßen, unser Meister zu sein?* 22 *ich muss mich aufmachen*   29 f. *Das Silber, durchs Feuer siebenmal geläutert, wird als rein befunden*   31 f. *Ebenso soll man Gottes Wort allezeit pflegen*   37 *vor diesem bösen Geschlecht*   39 *verstricke*   40 *überall* 41 *Tunichtgute*   42 *die sich in deinem Volk erhoben haben*

XXIII.

Der XIIII. Psalm / Dixit insipiens in corde suo / non est Deus.
D. Mart. Luther.

ES spricht der vnweisen mund wol /
den rechten Gott wir meinen /
Doch ist jr hertz vnglaubens vol /
mit that sie jn verneinen /
5   Jr wesen ist verderbet zwar /
für Gott ist es ein grewel gar /
es thut jr keiner kein gut.

Gott selbs von himel sah herab /
auff aller menschen kinden /
10   Zu schawen sie er sich begab /
ob er jemand würd finden /
Der sein verstand gerichtet het /
mit ernst nach Gottes worten thet /
vnd fragt nach seinem willen.

15   Da war niemand auff rechter ban /
sie warn all ausgeschriten /
Ein jeder gieng nach seinem wahn /
vnd hielt verlorne sitten /
Es thet jr keiner doch kein gut /
20   wiewol gar viel betrog der mut /
jr thun solt Gott gefallen.

Wie lang wollen vnwissen sein /
die solche mům auffladen /
Vnd fressen dafůr das volck mein /
vnd nehren sich mit seim schaden /   25
Es steht jr trawen nicht auff Gott /
sie ruffen jm nicht in der not /
sie wŏlln sich selbs versorgen.

Darumb ist jr hertz nimer still /
vnd steht allzeit in forchten /   30
Gott bey den fromen bleiben wil /
dem sie mit glauben ghorchen /
Jr aber schmecht des armen rat /
vnd hŏnet alles was er sagt /
das Gott sein trost ist worden.   35

Wer sol Jsrael dem armen /
zu Zion heil erlangen?
Gott wird sich seins volcks erbarmen /
vnd lŏsen die gefangen /
Das wird er thun durch seinen Son /   40
dauon wird Jacob wonne han /
vnd Jsrael sich frewen.
Amen.

---

2 *wir lieben den wahren Gott*   5 *wahrhaftig*   7 *es tut niemand von ihnen etwas Gutes*   17 *Gutdünken*   20 *obwohl viele von ihnen fälschlich glaubten*   21 *gefalle Gott*   22 *wollen diejenigen unwissend sein*   24 *auf seine Kosten mein Volk*   26 *Vertrauen*   30 *in Furcht*   33 *verschmäht*

XXIV.

Der XLVI. Psalm. Deus noster refugium et virtus etc.
D. Mart. Luther.

EJn feste burg ist vnser Gott /
ein gute wehr vnd waffen /
Er hilfft vns frey aus aller not /
die vns itzt hat betroffen /
Der alt bŏse feind /
mit ernst ers itzt meint /
gros macht vnd viel list /
sein grausam rŭstung ist /
auff erd ist nicht seins gleichen.

Mit vnser macht ist nichts gethan /
wir sind gar bald verloren /
Es streit fŭr vns der rechte man /
den Gott hat selbs erkoren /
Fragstu wer der ist?
er heisst Jhesus Christ /
der HERR Zebaoth /
vnd ist kein ander Gott /
das felt mus er behalten.

Vnd wenn die welt vol Teuffel wer /
vnd wolt vns gar verschlingen / 20
So fürchten wir vns nicht so sehr /
es sol vns doch gelingen /
Der Fürst dieser welt /
wie sawr er sich stelt /
thut er vns doch nicht / 25
das macht / er ist gericht /
ein wörtlin kan jn fellen.

Das wort sie söllen lassen stan /
vnd kein danck dazu haben /
Er ist bey vns wol auff dem plan / 30
mit seinem Geist vnd gaben /
Nemen sie den leib /
gut / ehr / kind vnd weib /
las faren dahin /
sie habens kein gewin / 35
das Reich mus vns doch bleiben.

*17 es gibt keinen anderen Gott   22 wir werden doch obsiegen   25 f. kann
er uns doch nichts anhaben, das kommt daher, dass er gerichtet ist
28–30 Das Wort müssen sie stehen lassen, ob sie wollen oder nicht. Christus
steht uns bei   32 Wenn sie uns das Leben nehmen …   35 sie haben nichts
davon*

XXV.
Der LXVII. Psalm / Deus misereatur nostri etc.
D. Mart. Luther.

ES wolt vns Gott genedig sein /
vnd seinen segen geben /
Sein antlitz vns mit hellem schein /
erleucht zum ewigen leben /
5   Das wir erkennen seine werck /
vnd was jm liebt auff erden /
Vnd Jhesus Christus heil vnd sterck /
bekand den heiden werden /
vnd sie zu Gott bekeren.

10   So dancken Gott vnd loben dich /
die heiden vber alle /
Vnd alle welt die frewe sich /
vnd sing mit grossem schalle /
Das du auff erden richter bist /
15   vnd lesst die sund nicht walten /
Dein wort die hut vnd weide ist /
die alles volck erhalten /
in rechter ban zu wallen.

Es dancke Gott vnd lobe dich /
das volck in guten thaten /   20
Das land bringt frucht vnd bessert sich /
dein wort ist wol geraten /
Vns segen Vater vnd der Son /
vns segen Gott der heilig Geist /
dem alle welt die ehre thu /   25
für jm sich fürchte allermeist /
nu sprecht von hertzen Amen.

1 *gnädig*   6 *beliebt, gefällt*   11 *überall*   15 *herrschen*   16 *Hut*
18 *auf dem rechten Weg zu gehen*   21 *wird besser*   22 *auf guten Boden ge-*
fallen   26 *vor allem*

XXVI.
Der CXXIIII. Psalm / Nisi quia Dominus etc.
D. Mart. Luther.

WEr Gott nicht mit vns diese zeit /
so sol Jsrael sagen /
Wer Gott nicht mit vns diese zeit /
wir hetten musst verzagen /
5 Die so ein armes heufflin sind /
veracht von so viel menschen kind /
die an vns setzen alle.

Auff vns ist so zornig jr sin /
wo Gott het das zugeben /
10 Verschlungen hetten sie vns hin /
mit gantzem leib vnd leben /
Wir wern als die ein flut erseufft /
vnnd vber die gros wasser leufft /
vnd mit gewalt verschwemmet.

15 Gott lob vnd danck der nicht zugab /
das jr schlund vns möcht fangen /
Wie ein vogel des stricks kompt ab /
ist vnser seel entgangen /
Strick ist entzwey / vnd wir sind frey /
20 des HErren namen steht vns bey /
des Gottes himels vnd erden.
　　　　AMEN.

1 *Wäre ... in dieser Zeit*   4 *verzagen müssen*   7 *die es alle auf uns abgese-*
hen haben   9 *wenn ... zugelassen*   12 *Wir wären wie die, die eine Wasser-*
flut ertränkt   15 *zuließ*   16 *fangen könnte*   17 *sich aus der Schlinge be-*
freit   18 *entkommen*

XXVII.
Der CXXVIII. Psalm
Beati omnes qui timent Dominum.
D. Mart. Luther.

Wol dem der in Gottes furchte steht /
vnd auch auff seinem wege geht /
Dein eigen hand dich nehren sol /
so lebstu recht vnd geht dir wol.

5   Dein weib wird in deim hause sein /
wie ein reben vol drauben fein /
Vnd dein kinder vmb deinen tisch /
wie oͤlpflantzen gesund vnd frisch.

Sih / so reich segen hangt dem an /
10   wo in Gottes furchte lebt ein man /
Von jm lesst der alt fluch vnd zorn /
den menschen kindern angeborn.

Aus Sion wird Gott segen dich /
das du wirst schawen stetiglich /
15   Das gluͤck der stad Jerusalem /
fuͤr Gott in gnaden angenem.

Fristen wird er das leben dein /
vnd mit guͤte stets bey dir sein /
Das du sehen wirst kindes kind /
20   vnd das Jsrael friede find.

---

3 *ernähren*   10 *wenn*   11 *von ihm lässt ... ab*   14 *immer schauen*
16 *vor*   17 *Behüten*

XXVIII.

Der CXXX. Psalm / De profundis clamaui ad te Domine.
D. Mart. Luther.

AVs tieffer not schrey ich zu dir /
HERR Gott erhör mein ruffen /
Dein gnedig ohren ker zu mir /
vnd meiner bit sie öffen /
Denn so du wilt das sehen an /   5
was sund vnd vnrecht ist gethan /
wer kan HERR für dir bleiben?

Bey dir gilt nichts denn gnad vnd gunst /
die sunde zuuergeben /
Es ist doch vnser thun vmb sunst /   10
auch in dem besten leben /
Für dir niemand sich rhümen kan /
des mus dich fürchten jederman /
vnd deiner gnaden leben.

Darumb auff Gott wil hoffen ich /   15
auff mein verdienst nicht bawen /
Auff jn mein hertz sol lassen sich /
vnd seiner güte trawen /
Die mir zusagt sein werdes wort /
das ist mein trost vnd trewer hort /   20
des wil ich allzeit harren.

Vnd ob es werd bis in die nacht /
vnd wider an den morgen /
Doch sol mein hertz an Gottes macht /
25   verzweiueln nicht / noch sorgen /
So thu Jsrael rechter art /
der aus dem geist erzeuget ward /
vnd seines Gotts erharre.

Ob bey vns ist der sunden viel /
30   bey Gott ist viel mehr gnaden /
Sein hand zu helffen hat kein ziel /
wie gros auch sey der schaden /
Er ist allein der gute hirt /
der Jsrael erlôsen wird /
35   aus seinen sunden allen.

3 *kehre, wende*   5 *willst*   12 *Vor*   13 *darum, deshalb*   14 *aus deiner Gnade*   17 *verlassen*   21 *darauf*   22 *währt, dauert*   24 *Dennoch* 26–28 *So halte es das wahre Israel (Jakob), der aus dem Geist (Gottes) geboren wurde und auf seinen Gott warten soll.*   29 *Wenn auch*   31 *kennt keine Grenze*

XXIX.
Das deutsche Sanctus.
D. Mart. Luther.

JEsaia dem Propheten das geschach /
das er im geist den HErren sitzen sach /
Auff einem hohen thron in hellem glantz /
seines kleides saum den Chor fúllet gantz /
Es stunden zween Seraph bey jm daran /   5
sechs flúgel sah er einen jedern han /
Mit zween verborgen sie jr antlitz klar /
Mit zween bedeckten sie die fússe gar /
Vnd mit den andern zween sie flogen frey /
gen ander rufften sie mit grossem gschrey /   10
Heilig ist Gott der HERRE Zebaoth /
Heilig ist Gott der HERRE Zebaoth /
Heilig ist Gott der HERre Zebaoth /
Sein ehr die gantze welt erfúllet hat /
Von dem gschrey zittert schwell vnd balcken gar /   15
Das haus auch gantz vol rauchs vnd nebel war.

1 *widerfuhr das*   8 *ganz, vollständig*   10 *lautstark riefen sie einander zu*
15 *Schwelle und Balken heftig*

XXX.

Ein kinderlied / zu singen wider die zween Ertzfeinde Christi vnd seiner heiligen Kirchen / den Bapst vnd Türcken etc.

ERhalt vns HERR bey deinem wort /
vnd stewr des Bapsts vnd Türcken mord /
Die Jhesum Christum deinen Son /
wölten stürtzen von deinem thron.

5 BEweis dein macht HERR Jhesu Christ /
der du HERR aller Herren bist /
Beschirm dein arme Christenheit /
das sie dich lob in ewigkeit.

Gott heilger Geist du tröster werd /
10 gib deim volck einrley sinn auff erd /
Steh bey vns in der letzten not /
gleit vns ins leben aus dem tod.

2 *verhindere das Morden des*　7 *beschütze*　9 *werter Tröster*　10 *schenke*
... *Einigkeit*

XXXI.
Da Pacem Domine / Deutsch.

VErleih vns friedenn gnediglich /
HERR Gott zu vnsern zeiten /
Es ist doch ja kein ander nicht /
der für vns künde streiten /
denn du vnser Gott alleine.   5

XXXII.
Ein dancklied / für die höchsten wolthaten / so vns Gott in Christo erzeigt hat.
D. Mart. Luther.

NV freud euch lieben Christen gmeyn /
vnd last vns frölich springen /
Das wir getrost vnd all in ein /
mit lust vnd liebe singen /
5   Was Gott an vns gewendet hat /
vnd seine süsse wunderthat /
gar thewr hat ers erworben.

Dem Teuffel ich gefangen lag /
im tod war ich verloren /
10   Mein sund mich quelet nacht vnd tag /
darin ich war geboren /
Ich fiel auch imer tieffer drein /
es war kein guts am leben mein /
die sund hat mich besessen.

15   Mein gute werck die golten nicht /
Es war mit jn verdorben /
Der frey will hasset Gotts gericht /
er war zum gut erstorben /
Die angst mich zu verzweiueln treib /
20   das nichts denn sterben bey mir bleib /
zur hellen must ich sincken.

Da jamerts Gott in ewigkeit /
mein elend vbermassen /
Er dacht an sein barmhertzigkeit /
er wolt mir helffen lassen / 25
Er wand zu mir das Vater hertz /
es war bey jm fürwar kein schertz /
er lies sein bestes kosten.

Er sprach zu seinem lieben Son /
die zeit ist hie zurbarmen / 30
Far hin meins hertzen werde kron /
vnd sey das heil dem armen /
Vnd hilff jm aus der sunden not /
Erwürg für jn den bittern tod /
vnd las jn mit dir leben. 35

Der Son dem Vater ghorsam ward /
er kam zu mir auff erden /
Von einer Jungfraw reyn vnd zart /
er solt mein bruder werden /
Gar heimlich furt er sein gewalt / 40
er gieng in meiner armen gstalt /
den Teuffel wolt er fangen.

Er sprach zu mir halt dich an mich /
es sol dir jtzt gelingen /
Ich geb mich selber gantz für dich / 45
da wil ich für dich ringen /
Denn ich bin dein / vnd du bist mein /
vnd wo ich bleib / da soltu sein /
vns sol der feind nicht scheiden.

50 Vergiessen wird er mir mein blut /
    dazu mein leben rauben /
    das leid ich alles dir zu gut /
    das halt mit festem glauben /
    Den tod verschlingt das leben mein /
55 mein vnschuld tregt die sunde dein /
    da bistu selig worden.

    Gen himel zu dem Vater mein /
    far ich von diesem leben /
    Da wil ich sein der meister dein /
60 den geist wil ich dir geben /
    Der dich in trŭbnis trŏsten sol /
    vnd leren mich erkennen wol /
    vnd in der warheit leiten.

    Was ich gethan hab und gelert /
65 das soltu thun und leren /
    Damit das reich Gotts werd gemehrt /
    zu lob und seinen ehren /
    Vnd hŭt dich fŭr der menschen gsatz /
    dauon verdirbt der edle schatz /
70 das las ich dir zu letze.
        AMEN.

---

3 *alle zusammen*   12 *hinein*   13 *nichts Gutes*   19 f. *trieb … blieb*
28 *ließ es sich*   30 *hier zu erbarmen*   34 *töte*   40 *ganz verborgen*
44 *du sollst jetzt dein Ziel erreichen*   52 *dir zugute*   59 *Lehrer*   68 *vor*
den „Menschensatzungen", den Gesetzen der Menschen   70 *zur Stärkung,*
zum guten Schluss, als Vermächtnis

XXXIV.
Ein lied von der heiligen Christlichen Kirchen / Aus dem xij. Cap. Apocalypsis.
D. Mart. Luther.

SJe ist mir lieb die werde Magt /
vnd kan jr nicht vergessen /
Lob ehr vnnd zucht von jr man sagt /
sie hat mein hertz besessen /
Jch bin jr hold /   5
vnd wenn ich solt /
gros vnglück han /
da ligt nicht an /
sie wil mich des ergetzen /
Mit jrer liebe vnd trew an mir /   10
die sie zu mir wil setzen /
vnd thun all mein begir.

Sie tregt von gold so rein ein kron /
da leuchten inn zwelff sterne /
Ir kleid ist wie die Sonne schon /   15
das glentzet hell vnd ferne /
Vnd auff dem Mon /
jr füsse ston /
sie ist die Brawt /
dem HERRN vertrawt /   20
jr ist weh vnd mus geberen /
Ein schönes kind / den edlen Son /
vnd aller welt ein HERren /
dem sie ist vnterthon.

25 Das thut dem alten drachen zorn /
vnd wil das kind verschlingen /
Sein toben ist doch gantz verlorn /
es kan jm nicht gelingen /
Das kind ist doch /
30 gen himel hoch /
genomen hin /
vnd lesset jn /
auff erden fast sehr wüten /
Die mutter mus gar sein allein /
35 doch wil sie Gott behüten /
vnd der recht Vater sein.

1 *würdige, teure*   8 f. *dann schadet das nichts, denn sie will mich statt des-*
sen erfreuen   11 f. *auf mich richten will und alles tun, was ich mir wünsche*
15 *schön wie die Sonne*   25 *Das macht den alten Drachen (den Teufel) wü-*
tend   33 *schrecklich wüten*   34 *ganz allein sein*

XXXV.
Mitten wir im leben sind etc.
D. Mart. Luther.

MItten wir im leben sind /
mit dem tod vmbfangen /
Wen such wir der hůlfe thu /
das wir gnad erlangen /
Das bistu HERR alleine /   5
vns rewet vnser missethat /
die dich HERR erzůrnet hat /
Heiliger HERRE Gott /
Heiliger starcker Got /
Heiliger barmhertziger Heiland /   10
du ewiger Gott /
Las vns nicht versincken /
in des bittern todes not /
Kyrieleison.

Mitten in dem tod anficht /   15
vns der hellen rachen /
Wer wil vns aus solcher not /
frey vnd ledig machen ?
Das thustu HERR alleine /
Es jamert dein barmhertzigkeit /   20
vnser sund vnd grosses leid /

Heiliger HERRE Gott /
Heiliger starcker Got /
Heiliger barmhertziger Heiland /
25   du ewiger Gott /
Las vns nicht verzagen /
für der tieffen hellen glut /
Kyrieleison.

Mitten in der hellen angst /
30   vnser sund vns treiben /
Wo solln wir denn fliehen hin /
da wir mügen bleiben /
Zu dir HERR Christ alleine /
Vergossen ist dein thewres blut /
35   das gnug für die sunde thut /
Heiliger HERRE Gott /
Heiliger starcker Gott /
Heiliger barmhertziger Heiland /
du ewiger Gott /
40   Las vns nicht entfallen /
von des rechten glaubens trost /
Kyrieleison.

---

4 *damit*   18 *frei und los*   20 f. *unsere Klage und unser großes Leid bewegt deine Barmherzigkeit*   27 *vor*   32 *wo wir bleiben können*   40 *abfallen*

XXXVI.
Der lobsang / Te Deum laudamus
Durch D. Mart. Luther verdeutscht.

Der erste Chor.   Der ander Chor.

HERR Gott dich loben wir /
                    HERR Gott wir dancken dir.
Dich Vater in ewigkeit /
                    Ehrt die welt weit vnd breit.
All Engel vnd himels heer /   5
                    Vnd was dienet deiner ehr.
Auch Cherubin vnd Seraphin /
                    Singen imer mit hoher stim.
Heilig ist vnser Gott /
                    Heilig ist vnser Gott.   10
                  Beide Chor zusamen.
          Heilig ist vnser got der Herre Zebaoth

Dein Göettlich macht vnd herrligkeit /
                    Geht vber himel vnd erden weit.
Der heiligen zwelffpoten zal /
                    Vnd die lieben Propheten all.   15
Die thewren mertrer all zumal /
                    Loben dich Herr mit grossem schal.
Die gantze werde Christenheit /
                    Rhůmbt dich auff erden alle zeit.
Dich Gott Vater im höchsten thron /   20
                    Deinen rechten vnd einigen Son.
Den heiligen Geist vnd tröster werd /
                    Mit rechtem dienst sie lobt vnd ehrt.

Du kŏnig der ehren Jhesu Christ /
25   Gott Vaters ewiger Son du bist.
Der jungfraw leib nicht hast verschmecht /
                     Zur lŏsen das menschlich geschlecht.
Du hast dem tod zerstŏrt sein macht /
                     Vnd all Christen zum himel bracht.
30 Du sitzt zur rechten Gottes gleich /
                     Mit aller ehr ins Vaters reich.
Ein richter du zukŭnfftig bist /
                     Alles das tod vnd lebend ist.
Nu hilff vns Herr den dienern dein /
35   Die mit deim tewrn blut erlŏset sein.
Las vns im himel haben teil /
                     Mit den Heiligen in ewigem heil.
Hilff deinem volck Herr Jhesu Christ /
                     Vnd segen das dein erbteil ist.
40 Wart vnd pfleg jr zu aller zeit /
                     Vnd heb sie hoch in ewigkeit.
Teglich Herr Gott wir loben dich /
                     Vnd ehrn dein namen stetiglich.
Behŭt vns heut o trewer Gott /
45   Fŭr aller sund vnd missethat.
Sey vns gnedig O HErre Gott /
                     Sey vns gnedig in aller not.
Zeig vns deine barmhertzigkeit /
                     Wie vnser hoffnung zu dir steht.
50 Auff dich hoffen wir lieber Herr /
                     In schanden las vns nimermehr.
                     AMEN.

14 *Apostel*   16 *Märtyrer*   21 *wahren und einzigen*   26 *verschmäht*
27 *zu erlösen*   33 *über alles, was tot und lebendig ist*   39 *und segne, was*
40 *Hege und pflege sie*

XXXIX.

Ein lied von den zween Merterern Christi / zu Brüssel / von den Sophisten von Löuen verbrandt. Geschehen im jar D.M.xxij. D. Mart. Luther.

EJn newes lied wir heben an /
das walt Gott vnser HERRE /
Zu singen was Gott hat gethan /
zu seinem lob vnd ehre /
5   Zu Brüssel in dem Niderland /
wol durch zween junge knaben /
hat er sein wunder macht bekand /
Die er mit seinen gaben /
so reichlich hat gezieret.

10   Der erst recht wol Johannes heist /
so reich an Gottes hulden /
Sein bruder Heinrich nach dem geist /
ein rechter Christ on schulden /
Von dieser welt gescheiden sind /
15   sie han die kron erworben /
recht wie die fromen Gottes kind /
für sein wort sind gestorben /
sein mertrer sind sie worden.

Der alte feind sie fangen lies /
erschreckt sie lang mit drewen /   20
Das wort Gotts man sie leucken hies /
mit list auch wolt sie teuben /
Von Lŏuen der Sophisten viel /
mit jrer kunst verloren /
versamlet er zu diesem spiel /   25
der geist sie macht zu thoren /
sie kunden nichts gewinnen.

Sie sungen sŭss / sie sungen sawr /
versuchten manche listen /
Die knaben stunden wie ein mawr /   30
verachten die Sophisten /
Den alten feind das sehr verdros /
das er war vberwunden /
Von solchen jungen er so gros /
er ward vol zorn von stunden /   35
gedacht sie zu verbrennen.

Sie raubten jn das klosterkleid /
die weih sie jn auch namen /
Die knaben waren des bereid /
sie sprachen frŏlich Amen /   40
Sie danckten jrem Vater Gott /
das sie los solten werden /
des Teuffels laruen spiel vnd spot /
darin durch falsche berden /
die welt er gar betreuget.   45

Da schickt Gott durch sein gnad also /
das sie recht Priester worden /
Sich selbs jm musten opffern da /
vnd gehn im Christen orden /
50 Der welt gantz abgestorben sein /
die heucheley ablegen /
zum himel komen frey vnd rein /
die Müncherey ausfegen /
vnd menschen tand hie lassen.

55 Man schreib jn für ein brieflein klein /
das hies man sie selbs lesen /
Die stück sie zeichten alle drein /
was jr glaub war gewesen /
Der höchste jrthumb dieser war /
60 Man mus allein Gott gleuben /
der mensch leugt vnd treugt imerdar /
dem sol man nichts vertrawen /
des musten sie verbrennen.

Zwey grosse fewr sie zündten an /
65 die knaben sie her brachten /
Es nam gros wunder jederman /
das sie solch pein verachten /
Mit freuden sie sich gaben drein /
mit Gottes lob vnd singen /
70 der mut ward den Sophisten klein /
für diesen newen dingen /
das sich Gott lies so mercken.

Der schimpff sie nu gerewet hat /
sie woltens gern schön machen /
Sie thürn nicht rhümen sich der that /   75
sie bergen fast die sachen /
Die schand im hertzen beisset sie /
vnd klagens jrn genossen /
doch kan der geist nicht schweigen hie /
des Habels blut vergossen /   80
es mus den Kain melden.

Die aschen wil nicht lassen ab /
sie steubt in allen landen /
Hie hilfft kein bach / loch / grub noch grab /
sie macht den feind zu schanden /   85
Die er im leben durch den mord /
zu schweigen hat gedrungen /
die mus er tod an allem ort /
mit aller stim vnd zungen /
gar frölich lassen singen.   90

Noch lassen sie jr lügen nicht /
den grossen mord zu schmücken /
Sie geben für ein falsch geticht /
jr gwissen thut sie drücken /
Die heilgen Gotts auch nach dem tod /   95
von jn gelestert werden /
sie sagen in der letzten not /
die knaben noch auff erden /
sich solln haben vmbkeret.

89

100 Die las man liegen imer hin /
sie habens keinen fromen /
Wir sollen dancken Gott darin /
sein wort ist wider komen /
Der Somer ist hart für der thür /
105 der winter ist vergangen /
Die zarten blümlin gehn erfür /
der das hat angefangen /
der wird es wol volenden.
   AMEN.

1 *fangen wir an* 2 *das lasse sich Gott angelegen sein* 6 *zwei* 12 *Ordensbruder, geistlicher Bruder* 15 *haben* 18 *Märtyrer* 20 *Drohen* 21 *leugnen* 22 *taub machen, vernichten* 23 f. *viele Scholastiker von Löwen mit ihrer nutzlosen Wissenschaft* 37 *ihnen die Kutten* 39 *dazu bereit* 43–45 *des Teufels Gaukelspiel und seinen Spott, mit dem er durch falsche Gebärden die Welt ganz und gar betrügt* 54 *nichtiges Menschenwerk* 61 *lügt und betrügt* 63 *dafür, deshalb* 71 *angesichts dieser* 73 *Die Schande* 75 *sie trauten sich nicht, sich der Tat zu rühmen* 76 *verstecken sicher* 80 *Abels* 87 *gezwungen* 91 *Dennoch* 93 *Sie täuschen eine falsche Erfindung vor* 97–99 *sie behaupten, die Knaben hätten in Todesnot noch zu Lebzeiten widerrufen* 100 f. *Sie mögen immer weiter lügen, sie werden doch keinen Nutzen davon haben* 104 *unmittelbar*

LXIII.
Hymnus / O lux beata.
Verdeutscht / Durch
D. Mart. Luther.

DEr du bist drey in einigkeit /
ein warer Gott von ewigkeit /
Die sonn mit dem tag von vns weicht /
Las leuchten vns dein Göttlich liecht.

Des morgens Gott dich loben wir /   5
Des abends auch beten für dir /
Vnser armes lied rhůmet dich /
jtzund imer vnd ewiglich.

Gott Vater dem sey ewig ehr /
Gott Son der ist der einig HERR /   10
Vnd dem tröster heiligen Geist /
von nu an bis in ewigkeit.
       AMEN.

---

1 *Einheit*   6 *vor, zu*   10 *der Herr allein*

LXXX.

Ein fein Christlich Lied zu singen / zum begrebnis
der verstorbenen / Durch D. Mart. Luth.

NV last vns den leib begraben /
daran gar kein zweiuel haben /
Er werd am Jůngsten tag auffstehn /
vnd vnuerweslich herfůr gehn.

5 Erd ist er / vnd von der erden /
wird auch zu erd wider werden /
Vnd von der erd wider auffstehn /
wenn Gottes Posaun wird angehn.

10 Sein seel lebet ewig in Gott /
der sie alhie aus lauter gnad /
Von aller sund vnd missethat /
Durch seinen Son erlõset hat.

Sein jamer / trůbsal vnd elend /
15 ist komen zu eim selgen end /
Er hat getragen Christus joch /
Ist gstorben vnd lebet doch noch.

Die seel lebet on alle klag /
der leib schlefft bis an Jůngsten tag /
20 An welchem Gott in verkleren /
vnd ewiger freud wird geweren.

Hie ist er in angst gewesen /
dort aber wird er genesen /
In ewiger freud vnd wonne /
leuchten wie die helle Sonne.

Nu lassen wir jn hie schlaffen / 25
vnd gehn all heim vnser strassen /
Schicken vns auch mit allem vleis /
denn der tod kömpt vns gleicher weis.

Das helff vns Christus vnser trost / 30
der vns durch sein blut hat erlost /
Vons Teuffels gwalt vnd ewiger pein /
jm sey lob preis vnd ehr allein.
    AMEN.

14 *einem seligen*   19 f. *verklären … gewähren*   29 *Dazu*

B
Erläuterungen

Einführung

I

Luthers Lieder sind die konzentriertesten Fassungen seiner Theologie, ja, sie sind seine poetische Theologie. Sie reden von Gott in der Sprache der Dichtung, sie singen das Evangelium als die Geschichte Gottes in Jesus Christus mit den Menschen, und sie verleihen den Menschen Worte, machen sie sprachfähig zum Loben und Danken, zum Bitten und Flehen und zum Verkündigen der großen Taten Gottes. Sie sind, wie sie da sind, eine Singschule des Glaubens.

II

Geistliche Lieder in deutscher Sprache gab es auch vor der Reformation. Einige von ihnen hat Luther aufgenommen, weiter verbreitet, durch neue Strophen ergänzt oder „gebessert", das heißt: theologisch korrigiert. Zu den bekanntesten zählt *Christ ist erstanden.* Gesang in der Volkssprache hatte auch die hussitische Bewegung gepflegt, und 1531 erschien ein Gesangbuch der Böhmischen Brüder[1], das einen großen Teil dieses Liedgutes sammelte.

---

1) Ein New Gesang || buchlen. || M D XXXI || ... || Gedruckt zum Jungen Buntzel inn || Behmen. Durch Georgen Wylmschwerer || ... Am || zwelftẽ tag des Mertzen volendet ||. - Jungbunzlau: Jiřík Štyrsa 1531. – VD 16 XL 8 - Faksimileausgabe (nach einem seinerzeit in Königsberg befindlichen Exemplar: Michael Weiße, Gesangbuch der Böhmischen Brüder vom Jahre 1531 hrsg. von Wilhelm Thomas, Kassel 1931; Michael Weiße, Gesangbuch der Böhmischen Brüder 1531 in originalgetreuem Nachdruck hrsg. von Konrad Ameln, Kassel und Basel 1957.

Neben den deutschsprachigen Liedern griff Luther auch auf Gesänge der Alten Kirche zurück, auf Hymnen des Bischofs Ambrosius von Mailand (339–397) (**1**) oder des Dichters Caelius Sedulius († um 450) (**2, 6**). Auch so wahrte er – und mit ihm die evangelischen Kirchen – die Kontinuität der einen Kirche. Denn seinem Selbstverständnis nach hatte Luther keine neue Kirche geschaffen, sondern die wahre Kirche wiederhergestellt.

III

Luthers Liedschaffen setzt im Jahre 1523 ein. Anlass für sein erstes Lied war die Hinrichtung zweier Augustinereremiten am 1. Juli 1523 in Brüssel. Sie bewegte ihn zur Abfassung seiner Ballade *Ein neues Lied wir heben an* (**39**).

Um die Jahreswende 1523/1524 gab es dann so etwas wie einen produktiven Schub – Luther verfasste in diesen Monaten eine große Zahl von Liedern. Ausgangspunkt waren die Psalmen, die er in deutsche geistliche Lieder übersetzen wollte. In einem Brief teilte er dem kursächsischen Hofkaplan und seinem Vertrauten Georg Spalatin (1484–1545) seinen Plan mit:

„Gnade und Frieden! Ich habe den Plan, nach dem Beispiel der Propheten und der alten Väter der Kirche deutsche Psalmen für das Volk zu schaffen, also geistliche Lieder, damit das Wort Gottes auch durch den Gesang unter den Leuten bleibt.

Wir suchen daher überall nach Dichtern. Da Dir aber die Gabe und sichere Beherrschung der deutschen Sprache gegeben und durch vielfältige Übung verfeinert ist, bitte ich Dich, mit uns an diesem Vorhaben zu arbeiten und zu versuchen, einen Psalm in ein Lied zu übertragen, so wie Du es hier an meinem Beispiel siehst. Ich möchte aber neue und am Hof übliche Ausdrücke vermieden wissen: nach seinem Aufnahmevermögen soll das Volk möglichst einfache und gebräuchliche, freilich reine und passende Worte singen; außerdem soll der Sinn klar sein und den Psalmen so weit wie möglich nahekommen.

Deshalb muss man hier frei verfahren, wenn nur der Sinn gewahrt ist, den Wortlaut vernachlässigen und ihn durch andere geeignete Worte wiedergeben. Mir ist es nicht gegeben, es so zu machen, wie ich es gern wollte. Deshalb will ich versuchen, ob Du ein Heman, Asaph oder Idithun [1Chr 6, 18. 24.29] bist. Um dasselbe möchte ich Johann Dolzig bitten, der ebenfalls beredt und wortgewandt ist, doch nur, wenn Ihr Zeit dafür habt – wahrscheinlich habt Ihr nicht gerade viel Zeit.

Nimm doch meine Bußpsalmen und die Auslegungen dazu, aus denen Du den Sinn des Psalms entnehmen kannst. Oder, wenn Du einen zugeteilt haben möchtest, übernimm doch den ersten Bußpsalm „Herr, straf mich nicht in deinem Zorn" oder den siebten „Herr, erhöre mein Gebet". Johann Dolzig gebe ich den zweiten Bußpsalm „Wohl dem, dem die Übertretungen vergeben sind", denn „Aus der Tiefe" habe ich schon selbst übersetzt[2], und „Gott, sei mir gnädig" ist schon vergeben. Sollten diese etwa zu schwierig sein, so nehmt diese beiden „Ich will den Herrn loben allezeit" und „Freuet euch des Herrn, ihr Gerechten", also 34 und 33. Oder Psalm 104 „Lobe den Herrn, meine Seele". Antworte jedenfalls, was wir von Euch erwarten können. Lebe wohl im Herrn."[3]

---

2) Das ist das „Beispiel" (s. o.). Im Unterschied zu dem Brief, der im Autograph überliefert ist, hat sich die Beilage mit *Aus tiefer Not* nicht erhalten.

3) WA. Briefwechsel 3 S. 220f. Nr. 698. Lateinisch. Übersetzung: Johannes Schilling.

IV

Die ersten Lieder wurden in Einblattdrucken veröffentlicht, so etwa *Nun freut euch, lieben Christen gmein* (**32**) oder die Psalmlieder *Ach Gott, vom Himmel sieh darein* (**22**), *Es spricht der Unweisen Mund wohl* (**23**) und *Aus tiefer Not schrei ich zu dir* (**28**). Diese Liedblätter sind nur in einzelnen Fällen erhalten, in anderen gelegentlich aber als Vorlagen für nachfolgende Drucke zu erschließen.

Aus solchen Liedblättern fertigte der Nürnberger Drucker Jobst Gutknecht[4] um die Jahreswende 1523/24 einen Sammeldruck, das bisher so genannte „Achtliederbuch". Man sollte das Erzeugnis vielleicht besser als „Achtliederdruck" bezeichnen, denn ein „Buch" ist es ja nicht eigentlich.[5] Der Druck enthält Luthers Lieder *Nun freut euch, lieben Christen gmein, Ach Gott, vom Himmel sieh darein,* je mit Noten, sodann *Es spricht der Unweisen Mund wohl* und *Aus tiefer Not,* ohne Noten.

In größerem Umfang gesammelt sichtbar wird Luthers frühes Liedschaffen dann an drei Gesangbüchern, die 1524 erschienen. Zwei von ihnen wurden, offenbar als Konkurrenz-

---

4) Vgl. Christoph Reske, Die Buchdrucker des 16. und 17. Jahrhunderts im deutschen Sprachgebiet ... 2., überarb. und erw. Aufl. Wiesbaden 2015 (Beiträge zum Buch- und Bibliothekswesen 51), S. 723 f.

5) Etlich Cristlich lider ‖ Lobgesang / vñ Psalm / dem rai= ‖ nen wort Gottes gemeß / auß der ‖ heyligẽ schrifft / durch mancher= ‖ ley hochgelerter gemacht/ in der ‖ Kirchen zů singen/ wie es dann ‖ zum tayl berayt zů Wittenberg ‖ in ůbung ist. ‖ wittenberg. ‖ M.D.Xiiij. ‖ [=1524][Nürnberg: Jobst Gutknecht]. - 12 Blätter. -Benzing-Claus 3571; VD 16 L 4698 (online); Etlich Cristlich lider ‖ Lobgesang / vñ Psalm / dem rai= ‖ nen wort Gottes gemeß / auß der ‖ heyligẽ schrifft / durch mancher= ‖ ley hochgelerter gemacht / in der ‖ Kirchen zů singen / wie es dann ‖ zum tayl berayt zů Wittenberg ‖ in ůbung ist. ‖ wittenberg. M.D.Xiiij. ‖ [=1524]. -[Nürnberg: Jobst Gutknecht]. - 12 Blätter. - Benzing-Claus 3572; VD 16 L 4699 (online).

produkte, in Erfurt gedruckt; es sind die „Erfurter Enchiridien", denn sie tragen die Bezeichnung *Enchiridion*, Hand-
büchlein, auf dem Titelblatt.[6]

Ein drittes, von Johann Walter besorgtes Gesangbuch mit
mehrstimmigen Sätzen, erschien in Wittenberg.[7]

Zu diesem Gesangbuch Walters hat Luther eine Vorrede
verfasst:

„Vorrhede Martini Luther.
DAs geystliche lieder singen / gut vnd Gott angeneme sey /
acht [glaube] ich / sey keynem Christen verborgen / die weyl
yderman nicht alleyn das Exempel der propheten vnd könige
ym allten testament (die mit singen vnd klingen / mit tichten
vnd allerley seytten spiel Gott gelobt haben) sondern auch

---

6) Eyn Enchiridion oder || Handüchlein. eynem ytz= || lichen Christen fast
nutzlich bey sich || zuhaben / zur stetter vbung vnd || trachtung geystlicher
gesenge || vnd Psalmen / Recht= || schaffen vnd kunst= || lich verteutscht. ||
M.CCCCC.XXiiij. || ... || Gedruckt zu Erffurd/ yn der Permenter || gassen/
zum Ferbefaß ... || - Erfurt [Johann Loersfeld] 1524. - 24 Blätter. - Vorhanden:
Goslar, Marktkirchenbibliothek (einziges bekanntes Exemplar). - WA 35,
338: B; Benzing-Claus 3576; VD 16 E 1151. Faksimile: Kassel u. a. ²1983.
Enchiridion || Oder eyn Handbuchlein / || eynem yetzlichen Christen fast
nutzlich || bey sich zuhaben / zur stetter vbung || vnnd trachtung geystli-
cher ge= || senge / vnd Psalmen / Recht= || schaffen vnnd kunstlich || ver-
theutscht. || M.CCCCC.XXIIII. || ... || Gedruckt zu Erffordt zcum Schwart-
zen || Hornn / bey der Kremer brucken. ||. -Erfurt [Matthes Maler] 1524. -
24 Blätter. - Vorhanden: Dublin Trinity College, Strasbourg Bibliothèque
Nationale et Universitaire. - WA 35, 338: A - Benzing-Claus 3575; VD 16
E 1153. - Vgl. dazu WA 35, 338 und VD 16 E 1152.

7) Geystliche gesangk || Buchleyn. || Wittemberg. [T. I.] M.D.iiij. [!] || [1524];
[T. II.] M.D.xxiiij. ||. Wittenberg [Joseph Klug] 1524. - Vorhanden: Mün-
chen, Bayerische Staatsbibliothek (online). – Benzing-Claus 3539; VD 16
L 4776.

solcher brauch / sonderlich mit psalmen gemeyner [der gan-
zen] Christenheyt von anfang / kund ist. Ja auch S. Paulus
solchs I Cor. 14[8] eynsetzt / vnd zu den Collossern gepeut / von
herzen dem Herrn singen geystliche lieder und Psalmen[9] /
Auff das da durch Gottes wort vnd Christliche leere / auff allerley weyse getrieben vnd geůbt werden.

Dem nach hab ich auch / sampt ettlichen andern / zum
gutten anfang vnd vrsach [Anlass] zugeben denen die es besser vermůgen / ettliche geystliche lieder zu samen bracht / das
heylige Euangelion / so itzt von Gottes gnaden widder auff
gangen ist / zu treyben vnd ynn schwanck zu bringen / das
wyr auch vns mǒchten rhůmen / wie Moses ynn seym gesang
thut / Exo. 15[10] Das Christus vnser lob vnd gesang sey / vnd
nichts wissen sollen zu singen noch zu sagen / denn Jhesum
Christum vnsern Heyland / wie Paulus sagt. I Cor.2.[11]

Vnd sind dazu auch ynn vier stymme bracht / nicht aus
anderer vrsach [Grund] / denn das ich gerne wollte / die iugent / die doch sonst soll vnd mus ynn der Musica vnd andern
rechten kůnsten erzogen werden / ettwas hette / da mit sie der
bul lieder [Liebeslieder] vnd fleyschlichen [weltlichen] gesenge los worde / vnd an der selben stat [an deren Stelle] / ettwas heylsames lernete / vnd also das guete mit lust / wie den
iungen gepůrt / eyngienge. Auch das ich nicht der meynung
byn / das durchs Euangelion / sollten alle kůnste zu boden ge-
schlagen werden vnd vergehen[12] / wie ettliche abergeystli-

---

8) 1 Kor 14, bes. 26.

9) Kol 3,16.

10) Ex 15,1-18.

11) 1Kor 2,2.

12) Vgl. Luthers Brief an Helius Eobanus Hessus, [Wittenberg] 29. März 1523.
    WA.Briefwechsel 3, 48–50 Nr. 596. Dieser Brief wurde auch gedruckt: DE

chen [„Ultrageistliche"] fur geben / Sondern ich wollt alle
künste / sonderlich die Musica gerne sehen ym dienst / des
[dessen] der sie geben vnd geschaffen hat / Bitte derhalben /
eyn iglicher frumer [rechtschaffener] Christ / wollt solchs
yhm [sich] lassen gefallen / vnd wo yhm Gott mehr odder des
gleichen verleyhet / helffen foddern [fördern] / Es ist sonst ley-
der alle wellt all zu las [nachlässig] vnd zuuergessen [vergess-
lich] die arme iugent zu zihen [aufzuziehen, erziehen] vnd leren / das man nicht aller erst darff auch vrsach [Anlass] dazu
geben. Gott geb uns seyne gnade Amen."

Mit diesen drei Liederdrucken waren die ersten Lieder Luthers und anderer Autoren im Umlauf. Sie bildeten für die
nächsten Jahre den Grundbestand evangelischer Lieder, und
die nachfolgenden Herausgeber von Gesangbüchern bedien-
ten sich aus diesem reichhaltigen Repertoire und ergänzten es
je nach Ort und Gelegenheit – Luther sollte in seiner neuen
Vorrede 1529 auf diesen Sachverhalt eingehen, ihn angesichts
mancher Hervorbringungen von anderer Seite kritisch kom-
mentieren und das authentische Wittenberger Liedgut si-
chern.

V

Die meisten dieser Gesangbücher erschienen ohne Noten
oder mit einstimmigen Melodien. Johann Walters Wittenberger Gesangbuch aber war mir mehrstimmigen Sätzen versehen und also für die (Schüler-)Kantoreien bestimmt. In sei-

---

NON CONTEMNENDIS || Studijs hūaniorib[us] ... Erfurt: Matthes Maler
1523. – VD 16 N 1822 (online). Luther schreibt: „Ego persuasus sum sine
literarum peritia prorsus stare non posse sinceram Theologiam" (Ich bin
fest davon überzeugt, dass ohne Kenntnis der Wissenschaften eine seriöse
Theologie überhaupt keinen Bestand haben kann.).

nem Autor erscheint der in allen Belangen der Musik für die Anfänge der Reformation in Wittenberg und Kursachsen maßgebende Mitarbeiter Luthers.[13]

Der um 1496 geborene Walter besuchte Schulen in Kahla und Rochlitz, studierte an der Universität Leipzig und wurde 1524 Sänger und Komponist in der kursächsischen Hofkapelle, die Johann der Beständige 1526, nach dem Tod seines Bruders, des Kurfürsten Friedrichs des Weisen, auflöste. Melanchthon setzte sich für den Erhalt der Kapelle, insbesondere aber für Johann Walter, ein[14], und nicht ohne Erfolg. 1530 wurde Walter Stadtkantor in Torgau; nach einer Tätigkeit am Dresdner Hof kehrte er nach Torgau zurück, wo er 1570 starb.[15]

---

13) Walter Blankenburg, Johann Walter. Leben und Werk. Aus dem Nachlaß hrsg. von Friedhelm Brusniak, Tutzing 1991; Christa Maria Richter, Walter-Dokumente, in: Matthias Herrmann (Hrsg.), Johann Walter, Torgau und die evangelische Kirchenmusik, Altenburg 2013 (Sächsische Studien zur älteren Musikgeschichte 4), S. 167–316.

14) Melanchthon an Kurfürst Johann von Sachsen [in Torgau]. Wittenberg, 20. Juni 1526, in: Melanchthons Briefwechsel T 2, Stuttgart-Bad Canstatt 1995, S. 427 f. Nr. 467: „Es hatt mir Johannes Walter, der componist in der cantory, angezeygt, das ehr vernomen hab, man wird yhn und seyne gesellen abfertigen [entlassen] ... Darumb ich e.[uer] c.[hur] f.[ürstlichen] g.[naden] demutiglich bitt, das e.c.f.g. wolle ansehen, das ehr bis her sich stille und zuchtig gehalden, auch mitt seyner kunst gemeynen nutz gefordert [gefördert], dann er das gesang, so ietzund gebraucht wurt, gemacht. Es ist auch in disen leufften [Zeitläuften], do kirchen gesang geendert, solcher lewt von noten, die do helfen konden, das nicht allt gesang alleyn untertrukt werden, sondern auch newe und bessere wider angericht ... Darumb bitt ich, e.c.f.g. wolle disen armen gesellen Johan Wallter gnediglich bedenken und yhm helffen. Solchs wurt on zweyfel gott e.c.f.g. bezalen.".

15) Zur Einweihung der dort neu erbauten Schlosskirche, die Luther mit einer Predigt am 5. Oktober 1544 eröffnete, komponierte er eine festliche Motette „Beati immaculati" nach Psalm 144, mit dem Basso ostinato „Vive Luthere!, Vive Melanthon!"

Gemeinsam mit Luther erarbeitete Walter eine neue Ordnung für den evangelischen Gottesdienst[16], die 1526 als *Deutsche Messe und Ordnung Gottesdiensts* im Druck erschien. In ihr ist das Sanctus *Jesaja, dem Propheten das geschah* (29) erstmals veröffentlicht. Außerdem geht aus der Ordnung hervor, dass die ganze Gemeinde nach der Lesung des Evangeliums Luthers Glaubenslied singen sollte: „Nach dem Euangelio singt die gantze kirche den glauben zu deudsch / Wyr glauben all an eynen gott" (16)[17].

VI

Das Jahr 1529 war für die Neuformierung evangelischer Gemeinden ein Schlüsseljahr. Der innere Auf- und Ausbau der Reformation ließ, insbesondere nach den Erfahrungen der Visitationen in den Gemeinden, die Aufgabe, die evangelischen Christen im Glauben zu bilden, als dringend notwendig, ja, geradezu als unverzichtbar erscheinen.

Die Übersetzung der Bibel war seit Luthers Wartburgaufenthalt 1521/22 und dem Erscheinen des Neuen Testaments im September 1522 weit fortgeschritten, wurde beständig fortgesetzt und 1534 mit dem Erscheinen der vollständigen Bibel abgeschlossen.[18] 1529 erschienen auch – nach langer Vorbereitung – in Wittenberg Luthers Katechismen, im April

---

16) Michael Praetorius aus Creutzburg (1571-1621) vermittelt einen Eindruck von der Zusammenarbeit der beiden; vgl. Michael Praetorius, Syntagma musicum 1, Wittenberg 1614/15 (Nachdruck Kassel 1959), S. 451.

17) Deudsche || Messe vnd ord= || ung Gottis || diensts. || Martinus Luther. || Wittemberg. ||. - VD 16 M 4918 (online), Bl. E^r- E ij^r bzw. D ij^r (WA 19, 95,1 f.)

18) Vgl. dazu Heimo Reinitzer, Biblia deutsch. Luthers Bibelübersetzung und ihre Tradition, Wolfenbüttel 1983 (Ausstellungskataloge der Herzog August Bibliothek 40).

der große (*Deudsch Catechismus*) und im Mai *Der kleine Katechismus*. In ihnen legte Luther den Grundbestand des Glaubens dar, im Großen Katechismus für die Pfarrer und Prediger, im Kleinen für die Hausvorstände, die als solche in die Pflicht genommen werden sollten, an der Unterweisung ihrer „Familien", das heißt, aller, die in ihren Hausgemeinschaften lebten, mitzuwirken. Die Katechismen enthalten die Hauptstücke des christlichen Glaubens: die Zehn Gebote, das Apostolische Glaubensbekenntnis und das Vaterunser, dazu die beiden biblischen Sakramente Taufe und Abendmahl in Text und Auslegung. In dieser Reihenfolge kehren sie auch im Gesangbuch wieder (**14–21**).

In einer Predigt am Sonntag Septuagesimae (24. Januar 1529) tadelte Luther seine Hörerschaft, weil sie die geistlichen Lieder nicht ordentlich lernten. „Ihr Hausvorstände", erklärte er, „sollt euch daran machen, eure Hausgemeinschaft zu lehren; denn diese Lieder sind gleichsam die Bibel für die einfachen Leute – und zugleich auch für die gelehrten." Die rechtschaffenen Christen würden durch diese Lieder „entzündet", und deshalb wolle er dafür sorgen, dass weiterhin gute geistliche Lieder zum Gebrauch und zur Erbauung der christlichen Gemeinde verfasst würden.[19]

Im selben Jahr 1529 kam bei Joseph Klug auch eine neue Ausgabe des Gesangbuchs heraus. Ein Exemplar dieses Drucks war noch 1788 bekannt[20]; es muss aber seitdem als verloren gelten. Auf diesem Gesangbuch beruht ein Gesangbuch des Erfurter Druckers Andreas Rauscher[21] sowie eines, das

---

19) WA 29, S. 44,14–24, Zitat 16–18: „Vos patresfamilias studeatis vestros informare, sunt enim tales cantilenae quasi Biblia rudium, eciam doctorum."
20) Vgl. WA 35, S. 320.
21) Geist= || liche lieder auffs || new gebessert zu || Wittemberg D. || Mar. Luth ||

wiederum Joseph Klug in Wittenberg 1533 herausbrachte und
das der Gothaer Bibliothekar Ernst Salomon Cyprian (1673–
1745), ein großer Gesangbuchsammler[22], 1739 zuletzt beschrieben hatte[23]. Es hat sich nur in einem einzigen – eben seinem – Exemplar in der Bibliothek des Lutherhauses in Wittenberg erhalten.[24] Dieses Gesangbuch enthält alle bis zu
diesem Zeitpunkt entstandenen Lieder Luthers.

Zu der ersten Ausgabe hatte Luther 1529 eine neue Vorrede
verfasst, die in den Nachdrucken wiederholt wurde:

„Ein newe Vorrhede Mart. Luth.
NV haben sich etliche wol beweiset [ihr Können unter Beweis
gestellt] / vnd die lieder gemehret / also das sie mich weit
vbertreffen / vnd jnn dem [darin] wol meine meister sind /
Aber daneben auch die andern wenig guts dazu gethan / Vnd
weil ich sehe / das des teglichen zuthuns on allen vnter-
scheid / wie es einen jglichen gut dunckt / wil keine masse

M.D.XXXj. || ... Am Ende: gedruckt zu || Erffurdt/ Andre= || as Rauscher
zum || halben Rad in der || Meymer gassen || M.D.XXXi. ||. – Erfurt: Andre-
as Rauscher 1531. – Vorhanden: Strasbourg, Bibliothèque Nationale et
Universitaire. – WA 35, 320: F; Benzing-Claus 3546; VD 16 G 840.

22) Vgl. dazu "Mit Lust und Liebe singen". Die Reformation und ihre Lieder ...
hrsg. von Kathrin Paasch, Gotha 2012 (Veröffentlichungen der For-
schungsbibliothek Gotha 48).

23) Vgl. WA 35, S. 321.

24) Geistli= || che lieder auffs || new gebessert zu || Wittemberg. || D. Mart. Luth. ||.
– Wittenberg [Joseph Klug] 1533. – WA 35, 321 f. (ohne Kenntnis des Witten-
berger Exemplars); Benzing-Claus 3547; VD 16 ZV 6453. – Vorhanden:
Lutherstadt Wittenberg, Reformationsgeschichtliche Forschungsbiblio-
thek, Stiftung Luthergedenkstätten in Sachsen-Anhalt, Lutherhaus, ss 1009.
– Faksimile: Das Klug'sche Gesangbuch 1533 nach dem einzigen erhaltenen
Exemplar der Lutherhalle zu Wittenberg ... hrsg. von Konrad Ameln, Kassel
und Basel 1954; Nachdruck 1983 (Documenta musicologica 1).

werden / vber das / das auch die ersten vnser lieder je lenger je
felscher [falscher, unzuverlässiger] gedruckt werden / hab ich
sorge / es werde diesem büchlin die lenge [auf die Dauer] gehen / wie es alle zeit guten büchern gangen ist / das sie durch
vngeschickter köpfe zusetzen / so gar vberschüttet vnd ver-
wüstet [verwildert] sind / das man das gute drunter verloren /
vnd alleine das vnnütze im brauch behalten hat / Wie wir sehen aus S. Luca. j. Cap. [Luk 1,1-4] das im anfang jderman hat
wollen Euangelia schreiben / bis man schier das rechte Euangelion verloren hette vnter so viel Euangelien. Also ists auch
S. Hieronymi[25] vnd Augustini[26]/ vnd viel andern büchern
gangen / Summa / Es will je der meuse mist vnter dem Pfeffer
sein.[27]

Damit nu das / so viel wir mügen / verkomen werde / hab
ich dis büchlin widderumb auffs newe vbersehen / vnd der
vnsern lieder zusamen nacheinander / mit ausgedrücktem
[offen ausgeschriebenem] namen gesetzt[28] / welches ich
zuuor / vmb rhumes willen vermidden / aber nu aus not [ge-
zwungenermaßen] thun mus / damit nicht vnter vnserm namen / frembde vntüchtige [schlechte] gesenge verkauft würden / Darnach die andern hinnach gesetzt / so wir die besten
vnd nütze achten. Bitte vnd vermane alle / die das reine wort
lieb haben / wolten solchs vnser büchlin hin furt [künftig] /
on vnser wissen vnd willen / nicht mehr bessern [ändern, ver-
schlimmbessern] odder mehren. Wo es aber on vnser wissen
gebessert würde / das man wisse / es sey nicht vnser zu Wit-

---

25) Hieronymus von Stridon, Kirchenvater (347-420).

26) Augustinus, Kirchenvater (354-430).

27) Sprichwort (mist = Mäusekot).

28) Die Lieder wurden also von nun an mit den Namen der Verfasser versehen.

temberg aus gegangen / bůchlin / Kan doch ein jglicher wol
selbs ein eigen bůchlin vol lieder zusamen bringen / vnd das
vnser fůr sich alleine lassen vngemehret bleiben / wie wir bitten / begeren vnd hie mit bezeugt haben wollen / Denn wir
wolten ja auch gerne vnser můntze jnn vnser wirde behalten / niemandt vnuergůnnet fůr sich eine bessere zumachen
/ Auff das Gottes name alleine gepreiset / Vnd vnser name
nicht gesucht werde. Amen."

VII

Nach dem Erscheinen des Wittenberger Gesangbuchs 1524 war
in Luthers Liedschaffen eine Pause eingetreten – in den kommenden Jahren entstanden, bis 1543, einzelne Lieder. Ihre Entstehung lässt sich nur gelegentlich datieren, für ein einziges
Lied kennen wir den Tag seiner Abfassung: *Was fürchtst du,
Feind Herodes, sehr* (**6**) wurde am 12. Dezember 1541 geschrieben; die meisten Lieder lassen sich mit ihrer ersten Veröffentli-
chung fassen. Einige von ihnen reagieren besonders auf die
Zeitläufte, so etwa *Erhalt uns, Herr, bei deinem Wort* (**30**), das
1541/42 entstand und angesichts der „Türkengefahr" auf besondere Sensibilität bei den Zeitgenossen stieß.

1542 gab Luther auch ein Buch mit lateinischen und deutschen Begräbnisgesängen heraus, das als solches sein Werk
ist.[29] Es wurde, samt Vorrede, vollständig in das Babstsche Ge-

---

29) Zwei Ausgaben 1542 bei Joseph Klug in Wittenberg:
   Christliche ‖ Geseng Lateinisch vnd ‖ Deudsch / zum Begrebnis. ‖ D. Martinus Luther. ‖ Wittemberg / ‖ Anno ‖ M.D.XLII. ‖ Gedrůckt … ‖ durch
   Joseph Klug. ‖ – Wittenberg: Joseph Klug. – 30 Blätter. – Benzing-Claus
   3567; VD 16 L 4199;
   Christliche ‖ Geseng Lateinisch vnd ‖ Deudsch / zum Begrebnis. ‖ D. Martinus Luther. ‖ … Wittemberg / Anno ‖ M.D.XLII. ‖ Gedrůckt … ‖ Durch

sangbuch aufgenommen[30], doch werden die deutschen Lieder dort nicht wiederholt, sondern an die entsprechenden Stellen des Gesangbuches verwiesen: *Aus tiefer Not schrei ich zu dir, Mitten wir im Leben sind, Wir glauben all an einen Gott, Mit Fried und Freud ich fahr dahin, Nun lasst uns den Leib begraben, Nun bitten wir den Heiligen Geist.* In der Vorrede schreibt Luther im Anschluss und Aufnahme von 1. Thess. 4, 13 f.: „Wir Christen aber / so von dem allen durch das thewre blut des Sons Gottes erlöset sind / sollen vns vben vnd gewehnen [daran gewöhnen] im glauben / den tod zuuerachten / vnd als einen tieffen / starcken / süssen schlaff anzusehen. Den Sarck [Sarg] nicht anders / denn als vnsers HERRN Christi schos oder Paradis / Das grab nicht anders / denn als ein sanfft / faul oder rugebette [Ruhebett] zu halten. Wie es denn für Gott in der warheit also ist / wie er spricht / Joh. xj. [Joh 11,11] Lazarus vnser freund schlefft. Matth. ix. [Mt 9,24] Das Meidlin ist nicht tod / sondern es schleffet.

Also thut auch S. Paulus j. Corinth. xv. Setzt aus den augen alle hessliche anblick des todes in vnserm sterbenden leibe / vnd zeucht [zieht] her für eitel holdselige vnd frôliche anblick des lebens".[31] Später ist von dem „frölichen Artickel vnsers glaubens / nemlich von der aufferstehung" die Rede. Deshalb kann Luther schreiben: „Singen auch kein trawrlieder noch

---

Joseph Klug. II. – Wittenberg: Joseph Klug 1542. – 30 Blätter. – Benzing-Claus 3568; VD 16 L 4200; eine Ausgabe 1543: Christliche Geseng Lateinisch vnd II Deudsch, zum Begrebnis. II D. Martinus II Luther. II. Wittenberg: Joseph Klug 1543. – Benzing-Claus 3569; VD 16 4201 (online). – Übersicht bei Jenny S. 341 f. Nr. 47.

30) Bl. Z 2ᵛ – b 7ʳ Nr. LXXXI bis LXXXIX.

31) Bl. Z 3ᵛ– Z 4 ʳ; es folgt die Zitation von 1Kor 15,42–44. – Vollständiger Text der Vorrede in WA 35, S. 478–480.

leidegesang bey vnnsern todten vnd grebern / sondern tröstliche lieder / von vergebung der sundenn / von ruge [Ruhe] / schlaff / leben vnd aufferstehung der verstorbenen Christen / Damit vnser glaub gesterckt / vnd die leute zu rechter andacht gereitzt werden".[32]

1543 erschien noch einmal eine neue Ausgabe des Gesangbuchs bei Joseph Klug; sie wurde 1544 nachgedruckt und diente Valentin Babst als Vorlage für seine Ausgabe im folgenden Jahr.[33]

VIII

Über die Melodien der Lieder ist hier nicht eigens zu handeln. Ihre Quellen sind vielfältig; Luther und die anderen Dichter geistlicher Lieder konnten auf lateinische Hymnen, wie in *Nun komm, der Heiden Heiland,* auf Stücke aus der Messe oder andere vorreformatorische Gesänge zurückgreifen, sie aneignen oder verändern, und auch weltliche Lieder dienten als Vorlagen, so im Fall von *Vom Himmel hoch, da komm ich her.* Daneben gibt es Neuschöpfungen, auch solche Luthers, die im einzelnen schwer zu bestimmen sind. Zu dem Lied *Vater unser im Himmelreich* hat er eine eigene Melodie niedergeschrieben und wieder verworfen, und auch die Melodien zu *Nun freut euch, lieben Christen gmein* und *Ein feste Burg* könnten auf ihn zurückgehen.

---

32) Ebd. Bl. Z 4v = WA 35, 479, 4 f. 478,31–479,2.

33) Geistliche Lie || der zu Wit= || temberg= || ... || Anno 1543. || ... || Gedruckt zu Wittem- || berg / Durch Joseph || Klug ... ||. – Wittenberg: Joseph Klug 1543. – Benzing-Claus 3558; VD 16 G 849 (ehemals Hamburg, Stadtbibliothek); Geistliche Lie || der zu Wit= || temberg= || ... || Anno 1543. || ... || Gedruckt zu Wittem- || berg/ Durch Joseph || Klug / Anno M. || D. XLiiij. ||. – Benzing-Claus 3559; VD 16 G 850 (das Berliner und das Göttinger Exemplar online).

Diese Melodien wurden auch in anderen Kontexten adaptiert. Ein Beispiel bietet der Nürnberger Reformator Wenzeslaus Linck (1483–1547), von dem um 1529 ein Lied erschien, das nach Ausweis des Titelblatts je nach Situation auf verschiedene Melodien gesungen werden konnte und sollte, in schlechten Zeiten auf die Melodie *Aus tiefer Not,* in guten auf *Nun freut euch, lieben Christen gmein*[34].

IX

Luthers Lieder wurden, von ihrer Entstehung und Verbreitung an bis in die Gegenwart, lebendiger Ausdruck evangelischen Glaubens, als Protestlieder zur Propagierung oder Durchsetzung der neuen Lehre in den ersten Jahren der Reformation, als Glaubenslieder zur Heranbildung und Bestätigung evangelischer Identität in den folgenden Jahrhunderten, schließlich, in den letzten Jahrzehnten, auch als ökumenische Lieder Ausdruck des gemeinsamen Glaubens.

Luther hat mit seiner Idee, die Psalmen in deutsche Lieder zu übertragen, zahlreiche Nachfolger gefunden, im Jahrhundert der Reformation und in den folgenden Zeiten. Einen lutherischen Psalter hat es vorerst nicht gegeben, aber einen reformierten, der als solcher ein identitätsstiftendes Merkmal des europäischen Calvinismus geworden und über die konfessionellen Grenzen hinausgewachsen ist.

Die Wirkungen von Luthers Liederdichtung darzustellen, hieße, einen erheblichen Teil der evangelischen Frömmig-

---

34) Ein Lobgesanng ‖ zu got / in aller not / trůbsal / vñ ver ‖ folgung / sonderlich des Tůrcken. ‖ Jn zeyt des Zorns / senhlich im ‖ thon / Aus tieffer not etc. ‖ Jn zeyt des trosts / frôlich im ‖ thon / Nun frewt euch lie= ‖ ben Christen etc. zu ‖ singen. ‖ ... ‖ Am Ende: Gedruckt zu Nurmberg durch ‖ Friderichen Peypus. ‖. – Nürnberg: Friedrich Peypus [1529]. Vorhanden: Staatliche Bibliothek Regensburg . – VD 16 L 1827 (online).

keitsgeschichte seit der Reformation darzulegen. Denn nicht nur im deutschen Sprachraum, sondern auch über ihn hinaus wurden Luthers Lieder bald verbreitet und in andere Sprachen übersetzt. Zahlreiche Lieder finden sich noch in den 1520er Jahren in dänischer Sprache – 1529 waren bereits 26 Lutherlieder ins Dänische übersetzt, und 1569 waren es 36[35]; in Schweden gab es 1530 vier, 1562 aber bereits 31 Lieder in der eigenen Sprache, und auch im entfernten Island hatte man schon vor 1555 fünfzehn und 1589 sogar 38 Lutherlieder (einschließlich der liturgischen Gesänge) übersetzt. Einige Lieder erschienen bald nach ihrer Entstehung in Übersetzungen ins Französische.[36] Und bis in die Gegenwart leben einige Lieder in Übersetzungen in aller Welt, so seit langem in den Vereinigten Staaten von Amerika und auf dem Weg über sie etwa in protestantischen Kirchen Koreas.

Nicht alle Lieder sind gleichermaßen wirksam geworden; war doch die Voraussetzung für ihre Wirkung allererst die Aufnahme in die Gesangbücher. In diesen allerdings hielt sich die Mehrzahl von Luthers Liedern im deutschen Sprachraum bis in die Gegenwart. Besondere Bedeutung gewann seit dem 19. Jahrhundert das Bußlied *Ein feste Burg ist unser Gott,* im Unterschied zu seinem ursprünglichen Charakter nun freilich in eher affirmativer Verwendung. Am lebendigsten von allen Liedern ist, nicht zuletzt wegen seiner Zugänglichkeit, bis heute wohl das Weihnachtslied *Vom Himmel hoch, da komm ich her.*

---

35) Luthers salmer på dansk. Tekst, melodi, liturgi og teologi. Redigeret af Jørgen Kjærgaard og Ove Paulsen ... Frederiksberg 2017.

36) Les 43 chants des Martin Luther. Textes originaux et paraphrases francaises strophiques rimées et chantables. Sources et commentaires suivis de Chants

Über das Jahrhundert der Reformation hinaus blieb Luther auch als Liederdichter eine Orientierungsgestalt – auch die Luther folgenden Dichter lebten mit und aus seinen Liedern und ließen sich auch durch sie zu eigenen Dichtungen inspirieren. Zu den Hauptgestalten der späteren lutherischen Liederdichtung gehört an erster Stelle Paul Gerhardt (1607–1676), dessen Lieder in ihrer theologischen Qualität der dichterischen nicht nachstehen, und im vergangenen Jahrhundert Jochen Klepper (1903–1942), der auf seine Weise, Altkirchliches und Reformatorisches aufnehmend, den Erfahrungen seiner Gegenwart dichterisch Ausdruck verlieh.

X

Ein Wort begegnet in Luthers Liedern immer, ja, es ist gleichsam Losung und Leitwort für das Singen: „fröhlich". „Des lasst vns alle frölich sein" heißt es in Strophe sechs des Liedes *Vom Himmel hoch, da komm ich her*, „Des solt jr billich frölich sein" in Strophe drei aus *Vom Himmel kam der Engel Schar*, im Osterlied *Christ lag in Todesbanden* findet die Osterfreude im Fröhlichsein Ausdruck: „CHrist lag in todes banden / für vnser sund gegeben / Der ist wider erstanden / vnd hat vns bracht das leben / Des wir söllen frölich sein / Gott loben vnd danckbar sein / vnd singen Haleluia / Haleluia"; im Pfingstlied *Komm Heiliger Geist, Herre Gott* wird dieser gebeten: „Du heilige brunst / süsser trost / nu hilff vns frölich vnd getrost / Jn deim dienst bestendig bleiben", und in dem Lob der Musik (1538), aus dem die Verse *Die beste Zeit im Jahr ist mein* (EG 319) als Lied ausgezogen wurden, singt man: „Voran die liebe Nachtigall / macht alles fröhlich über-

---

harmonisés à quatre voix pour choeur et orgue par Yves Kéler et Danielle Guerrier Koegler, Paris: Beauchesne 2013 (Guides Musicologiques 7).

all"[37]. Prominent aber setzt Luther den Eingang seines Glaubensliedes *Nun freut euch, lieben Christen gmein* mit den Worten fort „vnd last vns frölich springen"[38].

Luthers Lieder, so könnte und möchte man sagen, sind von einer ansteckenden Fröhlichkeit bestimmt. Diese Fröhlichkeit hat ihren Grund im Evangelium, in der Erfahrung der Befreiung des liebenden Gottes, sie gründet in der Gewissheit des Glaubens und trotzt, wo immer es nötig ist, der Welt.[39] Das Evangelium ist für Luther „eine frölich und liebliche botschafft, die ynns hertz dringet, wenn man predigt von der gnade und wolthat, die wir von Christo gewarten [erwarten] sollen"[40]. Denn es „macht auch lebendig, frolich, lustig, tettig, unnd bringt alles gutt mit sich. Darumb es auch heyst Euangelium, das ist eyn lustige bottschafft"[41]. Die Konsequenz dieser Erfahrung kann und soll dann sein: „Wenn das hertz frölich ist, so sihet der mensch auch noch eins [einmal] so frölich und scheinen jm alle ding liechter und heller"[42].

In seiner Schrift *Von der Freiheit eines Christenmenschen* hat Luther diesen „fröhlichen Wechsel" zwischen Gott und

---

37) Das ganze Gedicht im Klugschen Gesangbuch 1543/44 (Anm. 33) Bl. 190ᵛ–191ᵛ (Vorrede auff alle güten Gesangbücher).

38) Paul Gerhardt wird eines seiner Weihnachtslieder mit eben diesem Wort beginnen lassen: *Fröhlich soll mein Herze springen* (EG 36) – gewiss eine Erinnerung an Luthers Weihnachtslied.

39) Vgl. Luthers Vorrede zum Römerbrief, hier nach dem „Septembertestament" (VD 16 B 4318): „Glawb ist eyn lebendige erwegene [verwegene] zuuersicht auf Gottis gnade / so gewis / das er tausent mal druber sturbe / Vnd solch zuuersicht vnd erkentnis Gotlicher gnaden / macht frolich / trotzig vnd lustig gegen Gott / vnd alle Creaturn / wilchs der heylig geyst thut ym glawben" (Bl. a ij ᵛ).

40) WA 21, S. 46,14–16.

41) WA 10 I 2, S. 10,11–13. – Vgl. auch WA 70, S. 198–202 s. v. ,fröhlich' und ebd. S. 196–198 s. v. ,froh'.

dem Menschen so beschrieben: „Der Glaube gibt nicht nur so viel, dass die Seele dem göttlichen Wort gleich wird, aller Gnaden voll, frei und selig, sondern er vereinigt auch die Seele mit Christus wie eine Braut mit einem Bräutigam. Aus dieser Ehe folgt, wie Paulus sagt, dass Christus und die Seele ein Leib werden – so werden auch beider Güter eins, Gelingen und Unglück und alle Dinge. Denn was Christus hat, ist der gläubigen Seele eigen, was die Seele hat, ist Christus eigen. So hat die Christus' alle Güter und Seligkeit, die sind der Seele eigen. So hat die Seele alle Untugend und Sünde auf sich, die werden Christus eigen. Hier hebt nun der f r ö h l i c h e W e c h s e l und Austausch an: Da ja Christus Gott und Mensch ist, der niemals gesündigt hat und dessen Gerechtigkeit unüberwindlich, ewig und allmächtig ist – wenn der die Sünde der gläubigen Seele durch ihren Brautring, den Glauben, sich zu eigen macht und sich nicht anders verhält, als hätte er sie getan, dann müssen die Sünden in ihm verschlungen und ertränkt werden, denn seine unüberwindliche Gerechtigkeit ist allen Sünden zu stark. So wird die Seele von allen ihren Sünden durch die Mitgift, also um des Glaubens willen, los und frei und mit der ewigen Gerechtigkeit ihres Bräutigams Christus beschenkt. Ist das nicht eine f r ö h l i c h e Hochzeit, wo der reiche, edle, gerechte Bräutigam Christus das arme, verachtete, unansehnliche Mädchen heiratet und sie von allem Übel befreit, mit allen Gütern ziert?"[43]

---

42) WA 36, S. 302,24–26.

43) DDStA 1, S. 291,15–35, vgl. Martin Luther, Von der Freiheit eines Christenmenschen. Hrsg. und komm. von Dietrich Korsch. 2. verb. Aufl. Leipzig 2018 (Große Texte der Christenheit 1), S. 29.

XI

Luthers Lieder sind seit ihrer Entstehung und ersten Verbreitung der konzentrierteste, dichteste, dauerhafteste und wirkmächtigste Ausdruck seiner Theologie. Nur der *Kleine Katechismus* ist diesen Liedern im Hinblick auf seine Komposition, seine Aussage und seine Verbreitung an die Seite zu stellen.

Der Grundzug aller seiner Lieder, ja, ihr eigentliches Anliegen ist ein soteriologisches: immer und immer wieder neu die „süße wunderthat" Gottes, sein Heil für die Menschen in Jesus Christus zu verkündigen und zu besingen. Das soll geschehen und geschieht nicht mit dem Wort allein, sondern im Singen. Und indem es geschieht, ist das Singen der Lieder selbst ein Medium dieses Heils. Durch Stimme und Klang kommt zum Ausdruck, dass das Wort den Menschen durch und durch erfüllt und durchdrungen hat. Die Sätze aus der Vorrede des Babstschen Gesangbuches bezeugen eben dies: „Singet dem HERRN ein newes lied / Singet dem HERRN alle welt. Denn Gott hat vnser hertz vnd mut frölich gemacht / durch seinen lieben Son / welchen er für vns gegeben hat zur erlösung von sunden / tod vnd Teuffel. Wer solchs mit Ernst gleubet / der kans nicht lassen / er mus frölich vnd mit lust dauon singen vnd sagen / das es andere auch hören vnd herzukomen"[44].

---

44) Oben S. 17 f., 23–28; vgl. WA 35, S. 477, 5–9.

Vorrede

Luthers Vorrede ist die letzte Gesangbuchvorrede, die er im Lauf seines Lebens verfasste, nach den früheren Vorreden von 1524 (S. 100–102) und 1529 (S. 106–108). Die Vorrede eröffnet, nach dem Titelblatt, das Babstsche Gesangbuch. Sie umfasst die Blätter 2ʳ bis 4ʳ des ersten Druckbogens; die verbleibenden Seiten füllte der Drucker Babst mit dem „Register vber Dis Gesang-Bŭchlin. Dis Register ist auff die zal der Lieder gerichrt.‟

Der uneinheitliche Text umfasst verschiedene Elemente. Er beginnt im Anschluss an Psalm 96,1 mit einer Unterscheidung des Gottesdienstes im Alten und im Neuen Testament und der Einladung, ja, der Aufforderung, sich an das „frŏliche Testament‟ zu halten.

Der folgende Abschnitt ist dem Drucker Valentin Babst und der Einrichtung seines Gesangbuchs gewidmet, die Luther offenbar gut gefallen hat. Der Drucker und Verleger Valentin Bapst d. Ä. druckte zwischen 1542 und seinem Todesjahr 1556 in Leipzig; einen ersten Hinweis auf den Ort seiner Druckerei „in der Ritterstrassen‟ gibt es 1543. In diesen ca. fünfzehn Jahren entstanden mehr als 300 Drucke in hoher Qualität und mustergültiger Ausstattung – das Gesangbuch ist nur ein – besonders gutes – Beispiel für seine Arbeit.[1] Das Gesangbuch sollte für kommende Jahrzehnte und für ein Gesangbuch, das der Bautzener Domherr Johann Leisentrit als

---

1) Christoph Reske, Die Buchdrucker des 16. und 17. Jahrhunderts im deutschen Sprachgebiet. … 2., überarb. und erw. Aufl. Wiesbaden 2015 (Beiträge zum Buch- und Bibliothekswesen 51), S. 562 f.

Konkurrenzprodukt zu den evangelischen Gesangbüchern 1567 herausbrachte[2], maßstabgebend werden. Luthers Urteil ist um so höher zu schätzen, als er sich im Lauf seines Lebens immer wieder über die Nachlässigkeit der Drucker und die schlechte Qualität ihrer Arbeiten zu beklagen hatte.

Ein dritter Gedanke gilt dem Lied *Nun lasst uns den Leib begraben* (**80**), auf dessen wahre Autorschaft Luther hinweist; dabei verwechselte er den Vornamen des Autors, der nicht „Johannes", sondern Michael hieß.

Schließlich folgt die Korrektur eines Setzerfehlers in *Aus tiefer Not* (**28**), an die Luther Gedanken über die Gottesfurcht anschließt. Aus dieser Korrektur des Setzerfehlers erhellt, dass das Gesangbuch vom zweiten Druckbogen an Luther vor der Abfassung seiner Vorrede vorgelegen haben wird. Allerdings ist das Exemplar Luthers, das er gewiss bekommen haben wird, wie seine Bibliothek insgesamt[3], nicht auf uns gekommen.

---

2) VD 16 L 1061 (online).

3) Vgl. die Übersicht der erhaltenen Originalhandschriften Luthers sowie der Bücher, z. T. mit eigenhändigen Glossen, aus Luthers Bibliothek in WA 60, S. 416–426. - Zu ergänzen ist nunmehr eine Ausgabe von Musiknoten aus seiner Bibliothek: Ludwig Senfl, *Magnificat octo tonorum,* Nürnberg 1537, ein Geschenk Veit Dietrichs (1506–1549) an Luther. Vgl. 95 Schätze - 95 Menschen, München 2017, S. 278 f.

1 Nun komm, der Heiden Heiland

Eröffnet wird das Babstsche Gesangbuch mit einem Adventslied: Luthers Adventslied ist eine – ohne die lateinische Vorlage nicht immer ganz leicht verständliche – Übersetzung („verdeutscht") eines altkirchlichen Hymnus. Ambrosius, Bischof von Mailand (339–397), der große Dichtertheologe unter den Vätern der westlichen Kirche, dichtete einen Hymnus für das Weihnachtsfest: *Intende, qui regis Israel.* Sein Thema ist die Menschwerdung Gottes in Jesus von Nazareth. Ambrosius verteidigte in seinem Hymnus die Vorstellung von den zwei Naturen Jesu Christi, die auf dem Konzil von Nizäa 325 als Lehre der Kirche angenommen worden war und seither zum Glaubensgut der Christen gehört: Jesus Christus ist wahrer Gott und wahrer Mensch, geboren von der Jungfrau Maria. So wird im Glaubensbekenntnis von Nizäa und Konstantinopel bezeugt: „wahrer Gott vom wahren Gott, gezeugt, nicht geschaffen, eines Wesens mit dem Vater ... hat Fleisch angenommen von der Jungfrau Maria und ist Mensch geworden" (vgl. auch Joh 1). Und im Apostolischen Glaubensbekenntnis lauten die entsprechenden Worte: „geboren von der Jungfrau Maria ...".

Die erste Strophe fehlt in zahlreichen lateinischen Handschriften; der Hymnus wurde daher überwiegend mit den Anfangsworten *Veni redemptor gentium* verbreitet. Auch Luther übersetzt die erste Strophe nicht. Die letzte Strophe, die Doxologie, gehört nicht ursprünglich zu dem Hymnus; sie wurde erst während des Mittelalters angefügt.

Luthers Lied gehört zu seinen frühesten Schöpfungen; es ist bereits in den Erfurter Enchiridien von 1524 gedruckt und steht sowohl im Klugschen Gesangbuch (1529/1533) als eben auch im Babstschen – und noch 1950 im EKG – an erster Stelle zur Eröffnung des Kirchenjahres.

Der Hymnus des Ambrosius lautet:

Intende qui regis Israel	Merk'auf, der du regierst Israel,
Super Cherubim qui sedes,	der über Cherubim du thronst,
appare Ephraem coram, excita	erscheine doch vor Ephraim,
potentiam tuam, et veni.	erwecke deine Macht und komm!
Veni, redemptor gentium;	Komm, du Erlöser der Heiden,
Ostende partum virginis;	weis' vor die Jungfrauengeburt!
Miretur omne saeculum.	Es rufe staunend alle Welt:
Talis decet partus Deo.	Solche Geburt ziemt sich für Gott!
Non ex virili semine,	Nicht aus dem Samen eines Mann's,
Sed mystico spiramine	sondern durch heil'ges Geistesweh'n
Verbum Dei factum est caro,	ist Gottes Wort geworden Fleisch
Fructusque ventris floruit.	und ist des Leibes Frucht erblüht.
Alvus tumescit virginis.	Der Leib der Jungfrau, er schwillt an,
Claustrum pudoris permanet;	das Schloss der Scham bleibt unversehrt.
Vexilla virtutum micant,	Der Tugend Fahnen leuchten hell:
Versatur in templo Deus.	Es weilt in seinem Tempel Gott.
Procedit e thalamo suo,	Er kommt aus seinem Gemach hervor,
Pudoris aula regia,	der Keuschheit königlichem Saal,
Geminae gigans substantiae	als Gigant von zwiefacher Natur
Alacris ut currat viam.	freudig zu eilen seinen Weg.
Egressus eius a Patre,	Sein Ausgang ist vom Vater her,
Regressus eius ad Patrem;	sein Rückweg führt zum Vater hin,
Excursus usque ad inferos	sein Auszug bis zur Unterwelt,
Recursus ad sedem Dei.	sein Rücklauf hin zu Gottes Thron.

Aequalis aeterno Patri,	Dem ew'gen Vater wesensgleich,
Carnis tropaeo accingere,	rüst' dich mit Fleisches Siegeskleid,
Infirma nostri corporis	das Schwache unsres Menschenleibs
Virtute firmans perpeti.	stärkend mit ew'ger Gotteskraft.
Praesepe iam fulget tuum,	Nun leuchtet dein Krippe hell,
Lumenque nox spirat novum,	die Nacht strömt aus ein neues Licht,
Quod nulla nox interpolet	das keine Nacht je trüben soll,
Fideque iugi luceat.	in festem Glauben leuchte stets.[1]

Gloria tibi, Domine,
Qui natus es de virgine,
Cum Patre et Sancto Spiritu,
In sempiterna saecula.

Luthers Lied ist, wie gesagt, nicht immer leicht zu verstehen. Nach der Anrufung des Erlösers der Völker in der ersten Strophe wird die Geburt des Gottessohnes besungen: Gottes Wort ist Fleisch geworden (vgl. Joh 1,14) und als Sohn der Maria wahrer Mensch. Die Jungfräulichkeit der Gottesmutter ist Gegenstand der dritten Strophe, bevor die Geschichte Jesu

---

1) Text und Übersetzung zitiert nach: Gebhard Kurz, Intende qui regis Israel. Der Weihnachtshymnus des Bischofs Ambrosius von Mailand (hy. 5), in: Jahrbuch für Liturgik und Hymnologie 42, 2003, 105–161, 105 f. („Die Übersetzung orientiert sich an der lateinischen Sprachform des Hymnus und versucht, deren Struktur erkennbar zu machen"; 105 Anm. 2). – Vgl. auch: Alexander Zerfass, Mysterium mirabile. Poesie, Theologie und Liturgie in den Hymnen des Ambrosius von Mailand zu den Christusfesten des Kirchenjahres, Tübingen und Basel 2008; Ders., Nun komm, der Heiden Heiland. Der Weihnachtshymnus des Ambrosius und der Advent als Anfang vom Ende der Welt in: Liturgisches Jahrbuch 59, 2009, 40–56; Andreas Marti, Nun komm, der Heiden Heiland (EG 4), in: Ilsabe Alpermann/Martin Evang (Hg.), Mit Lust und Liebe singen. Lutherlieder in Porträts, Göttingen 2017, 33–38.

zum Thema wird, sein Weg vom Vater zu den Menschen, die „Höllenfahrt", also der Abstieg zu den Verstorbenen zu deren Erlösung (im Apostolikum: „hinabgestiegen in das Reich des Todes", ältere Fassung: „niedergefahren zur Hölle") und die Rückkehr zum Vater. Himmel, Erde und Unterwelt, also die ganze Schöpfung, ist sein Machtbereich. Und da der Sohn eines Wesens mit dem Vater ist, hat er auch dessen Macht, die er zur Erlösung der Menschen gebraucht. Die letzte Strophe besingt schon das Geschehen der Christnacht: Deine Krippe glänzt hell und klar, die Nacht schenkt ein neues Licht. Dunkelheit darf nicht hereinkommen in die von Gott in Christus erleuchtete Welt, und der Glaube erhält die Verheißung, immer im Glanz des göttlichen Lichtes zu leben.

Luthers Theologie, so zeigt sie sich schon in diesem Adventslied, ist ganz soteriologisch ausgerichtete, auf das Heil der Menschen bedachte und dieses Heil in Christus bezeugende Theologie. Im Glauben lebt der Mensch im Licht der in Christus offenbar gewordenen Wahrheit des dreieinigen Gottes.

2 Christum wir sollen loben schon

Auch Luthers Weihnachtslied hat einen lateinischen Text zur Vorlage, den Hymnus des Caelius Sedulius († um 450) *A solis ortus cardine.* Der abecedarische Hymnus besingt in 23 Strophen das Leben Jesu von der Geburt bis zur Auferstehung. Luther hat seinem Lied (nur) die ersten sieben Strophen des Hymnus zu Grunde gelegt:

A solis ortus cardine	Vom Ort des Aufgangs der Sonne
adusque terrae limitem	bis an das Ende der Erde
Christum canamus principem	lasst uns Christus besingen, den Herrscher,
natum Maria virgine.	geboren von der Jungfrau Maria.
Beatus auctor saeculi	Der selige Schöpfer der Welt
servile corpus induit,	zog den Leib eines Knechtes an,
ut carne carnem liberans	damit er im Fleisch das Fleisch befreit,
non perderet, quod condidit.	um nicht zu zerstören, was er schuf.
Clausae parentis viscera	In einen verschlossenen Mutterschoß
caelestis intrat gratia,	tritt die himmlische Gnade ein.
venter puellae baiulat	Der Leib eines Mädchens trägt
secreta, quae non noverat.	Geheimnisse, die er nicht kannte.
Domus pudici pectoris	Das Haus eines schamhaften Herzens
templum repente fit Dei,	wird plötzlich zum Tempel Gottes.
intacta nesciens virum	Die Unberührte, die keinen Mann kannte,
verbo creavit filium.	gebar durchs Wort den Sohn.
Enixa est puerpera	Geboren hat die Wöchnerin den,
quem Gabriel praedixerat,	den Gabriel vorhergesagt hatte,
quem matris alvo gestiens	den Johannes, eingeschlossen im Mutterleib,
clausus Iohannes senserat.	freudig erspürt hatte.

Feno iacere pertulit,	Er ertrug es, auf Stroh zu liegen,
praesepe non abhorruit,	er schreckte vor der Krippe nicht zurück.
parvoque lacte pastus est,	Mit ein wenig Milch wurde der gespeist,
per quem nec ales esurit.	durch den kein Vogel hungert.
Gaudet chorus caelestium,	Es freut sich der Chor der Himmlischen,
et angeli canunt Deum	und die Engel singen Gott.
palamque fit pastoribus	Den Hirten wird offenbar
pastor creator omnium.	der Hirte, der Schöpfer aller Welt.

Luthers Lied erschien zuerst 1524 in den beiden Erfurter Enchiridien und im Wittenberger Gesangbuch und blieb in allen Ausgaben bis zum Babstschen Gesangbuch präsent. Auch Thomas Müntzer (ca. 1490–1525) hat den Hymnus in sein *Deutzsch kirchen ampt* aufgenommen.[1]

Luthers Text ist – wie die Vorlage – stark geprägt von biblischen Texten, zumal von biblischen Gesängen. Maria wird als „reine Magd" vorgestellt, also als jungfräuliche Mutter (vgl. auch Strophen 3, 4 und 8, 2) des Gottessohnes, dessen Glanz die ganze Welt umspannt. Die zweite Strophe orientiert sich an dem Christushymnus in Phil 2, den schon Paulus vorfand und in seinen Brief integrierte – da ist von der Erniedrigung des Gottessohnes um der Errettung der Menschen willen die Rede und von Gottes Erhöhung dieses Sohnes zur himmlischen Herrlichkeit. Daneben ist der Prolog zum Joh grundlegend: „Und das Wort ward Fleisch ...", auch Joh 3, 16 lässt sich in Beziehung zum Schluss der zweiten Strophe bringen.

Die Strophen 3 und 4 thematisieren das Wunder der Jungfrauengeburt – Luthers Aussage „von Gotts wort sie man schwanger fand" lässt sich so deuten, dass Maria dem Wort und der Verheißung Gottes Glauben schenkte, sich auf sein

---

1) Text: Heidrich-Schilling 171.

Wort einließ und so die Schwangerschaft annahm bzw. sich in die Schwangerschaft fügte.

Der Sohn, den sie gebar, wurde ihr nach biblischem Zeugnis zuvor von dem Engel angekündigt – nach Lk 1,34: „Da sprach Maria zu dem Engel: Wie soll das zugehen, da ich doch von keinem Manne weiß?" Dass der gleichzeitig empfangene Johannes der Täufer „im Mutterleib hüpfte", berichtet Lk 1, 26–38, hier 41: „Und es begab sich, als Elisabeth den Gruß Marias hörte, hüpfte das Kind in ihrem Leibe." (In der mittelalterlichen Ikonographie werden Maria und Elisabeth gelegentlich mit sichtbaren Kindern im Leib unter ihren Gewändern dargestellt.)

Die Strophen 6 und 7 geben den lateinischen Text ziemlich genau wieder, der seinerseits auf der Weihnachtsgeschichte Lk 2, 8–14 beruht. Schön ist die Aufnahme des „Hirten"-Titels für das neugeborene Kind – Ps 23, 1 und das „Ich bin-Wort" Joh 10,5 sind hier mitzudenken. Mit dem „schöpffer" (7,4) ist zugleich das Schöpfungswerk der gesamten Trinität benannt: Der dreieinige Gott, nicht nur der Vater, sondern auch der Sohn, der in die Welt gekommen ist, samt dem (hier nicht eigens benannten) Heiligen Geist, der dann in der doxologischen Schlussstrophe besungen wird, ist der Schöpfer der Welt.

Johann Sebastian Bach hat das Lied einer Choralkantate (BWV 121) zugrunde gelegt, die zuerst am Zweiten Christtag 1724 in den Leipziger Kirchen aufgeführt wurde.[2]

Auch dieses Weihnachtslied ist ein Lobgesang auf die göttliche Gnade, die der Vater in dem Sohn durch den Heiligen Geist den Menschen erwiesen hat und immer wieder neu erweist.

---

2) Vgl. etwa Konrad Klek, Dein allein ist die Ehre. Johann Sebastian Bachs geistliche Kantaten erklärt, Leipzig 2015, 179–182.

3 Gelobet seist du, Jesu Christ

Luthers Weihnachtslied beruht auf Texten der biblischen und der kirchlichen Überlieferung. Grundlegend für das Verständnis sind der Johannesprolog und das Bekenntnis von Nizäa und Konstantinopel, daneben die altkirchlichen Hymnen *Veni redemptor gentium* (vgl. S. 120 f.) und *A solis ortus cardine* (siehe S. 123 f.). Dazu kommt ein seit dem 14. Jahrhundert verbreitetes volkssprachiges Weihnachtslied *Louet sistu ihesu Christ*[1].

Das Lied wurde zuerst 1524 in einem Einblattdruck verbreitet. Die Überschrift lautet: „Ain Deütsch hymnüs oder lobsang auff die Weyhenacht"[2]. Obwohl „Wittenberg" auf dem Zettel steht, wurde der Druck von Heinrich Steiner in Augsburg hergestellt. Zur besseren Verkäuflichkeit aber setzte er nicht Augsburg, sondern „Wittenberg" unter den Text, um einen authentischen Druckort zu suggerieren.

Das Lied lobt die Menschwerdung Gottes in Jesus von Nazareth: Gelobet seist du, Jesus Christus, dass du als Mensch geboren bist. Die Besonderheit, ja, die Einzigartigkeit seiner Geburt wird – wie in *Christum wir sollen loben schon* (2) mit der Jungfrauengeburt herausgestellt – „Von einer Jungfraw das ist war". Darüber freut sich die Schar der Engel.

Strophe 2 spricht von dem einzigen Kind des ewigen Vaters, dessen Ewigkeit also auch diesem Kind gehört. Freilich „verkleidet" sich der Gottessohn anders als im Karneval –

---

1) Text: Heidrich-Schilling, 157.
2) Abbildung: Heidrich-Schilling, 27.

der Ewige nimmt die zeitliche Menschheit, „vnser armes fleisch vnd blut" an, also auch unsere Sterblichkeit.

Die dritte Strophe redet von der Paradoxie, dass Gott, den die Welt nicht fassen kann, als kleines Kind im Schoß seiner Mutter liegt. Der große Gott, der alle Welt umfängt, wird ein kleiner Mensch, der – auch als solcher – die ganze Welt erhält. Hier ist das kaum Vorstellbare thematisiert: Dieses hilflos scheinende Kind ist der Erhalter der Welt, das die Welt nicht nur erhält, sondern auch erhellt, Licht in die Welt bringt (vgl. auch Joh 8,12: „Ich bin das Licht der Welt ..."), ihre Dunkelheiten durch das ewige Licht erleuchtet und die Menschen zu Kindern des Lichts macht. Entsprechend kann man im Eph lesen (5,8 f.): „Denn ihr wart früher Finsternis; nun aber seid ihr Licht in dem Herrn. Wandelt als Kinder des Lichts; ⁹die Frucht des Lichts ist lauter Güte und Gerechtigkeit und Wahrheit."

Die Strophen 5 und 6 betonen die Wesensgleichheit mit dem Vater, das Zur-Welt-Kommen und den Erlösungswillen Gottes: die Menschen aus ihrem Elend zu führen, sie zu Erben zu machen, sich ihrer zu erbarmen, sie im Himmel reich und den Engeln gleich zu machen – also ihren Status grundlegend zu ändern.

Die letzte Strophe summiert: Das alles hat er für uns getan, um seine große Liebe zu erweisen. Darüber kann und soll sich die Christenheit freuen und ihm in Ewigkeit dafür danken – in Ewigkeit, das heißt, von nun an bis in Ewigkeit.

Auch dieses Lied hat Bach – wie *Christum wir sollen loben schon* – in einer Kantate verarbeitet: Am Ersten Christtag 1724 erklang sie in der Thomaskirche und in der Nikolaikirche in Leipzig.[3]

---

3) Vgl. Konrad Klek, Dein allein ist die Ehre. Johann Sebastian Bachs geistliche Kantaten erklärt. Leipzig 2015, 174–178.

4 Vom Himmel hoch, da komm ich her

Vom Himmel hoch, da komm ich her ist Luthers Weihnachtslied par excellence. Es gehört zu den eingängigsten und
schönsten Liedern, die der Reformator hinterlassen hat. Das
Lied ist wohl 1533 oder 1534 entstanden. Es findet sich zuerst
im Wittenberger Gesangbuch 1535 (VD 16 G 842, München,
Bayerische Staatsbibliothek, Rar. 435, Bl. 4ᵛ-6ᵛ, online) unter
der Überschrift „Ein kinder lied auff die Weinacht Christi".
Anders als *Christum wir sollen loben schon* (2) und *Gelobet
seist du, Jesu Christ* (3) hat es keine lateinische Vorlage. Allerdings kannte Luther das Tanzlied *Aus fremden Landen komm
ich her*, das das Muster für die erste Strophe abgab. Das Lied
ist eingängig und bietet kaum Verständnisprobleme. Strophe
2,2 bedeutet „von einer auserwählten Jungfrau", und auch
das „Susannine" (14,3) ist nicht leicht zu deuten – man mag
am ehesten an ein Wiegenlied für das neugeborene Kind denken.

Vom Himmel hoch entspricht auf seine Weise dem, was
Luther unter „Evangelium" verstand – die Geschichte Christi
zu erzählen. Es ist nicht die ganze Geschichte, sondern ein
Ausschnitt aus dieser Geschichte: die Geschichte seiner Geburt und ihrer Folgen für die Menschen, für uns. Es erzählt
die Geschichte von Christi Geburt nach dem Evangelisten Lukas (Kap. 2). – Die erzählte Geschichte bietet gleichsam ein
Krippenspiel im Lied. Die ersten Strophen gelten der Verkündigung, auf sie folgt der Aufbruch der Hirten, die dritte Szene
stellt die Anbetung dar. In den Strophen 1–5 reden die Engel,
Strophe 6 ruft zur Freude und zum Aufbruch auf. In den Strophen 7–14 spricht das einzelne Ich mit sich selbst und dem

Jesuskind; es geht also um mich und um mein Heil. Die letzte
(15.) doxologische Strophe knüpft an Strophe 6 an und bildet
mit ihr eine Klammer um das intime Gespräch des einzelnen
mit dem Kind in der Krippe.

Die Schlusswendung „newes jar" erinnert an die Praxis
der Entstehungszeit, den Beginn des neuen Jahres entweder
auf den 1. Januar oder auf Weihnachtstag (25. Dezember) zu
datieren; entsprechende Neujahrwünsche mit dem Christkind finden sich in der zeitgenössischen Graphik reichlich.[1]

---

1) Vgl. z. B. Christkind mit einem Neujahrswunsch, München, Staatliche
    Graphische Sammlung, Inv.Nr. 118287; vgl. Die Anfänge der europäischen
    Druckgraphik. Holzschnitte des 15. Jahrhunderts und ihr Gebrauch,
    Nürnberg 2005, 198-200 (mit weiteren Nachweisen).

5 Vom Himmel kam der Engel Schar

Das zweite, weitaus weniger bekannte und gesungene Weihnachtslied Luthers zeichnet sich durch eine Besonderheit aus:
Es ist in seiner eigenen Handschrift überliefert. Die Österrei-
chische Nationalbibliothek in Wien besitzt das Autograph.[1]
Das Lied erschien im Druck zuerst 1543/44 im Klugschen Gesangbuch.

Luther hat in seiner Handschrift für den Gesang drei
mögliche Melodien vorgeschlagen: erstens die des Hymnus
A solis ortus cardine, die er in *Christum wir sollen loben schon*
bearbeitet hatte; zweitens *Vom Himmel hoch, da komm ich
her,* drittens für die Schüler („pro pueris") *Puer natus in Bethlehem,* das im Babstschen Gesangbuch unter der Nummer
„LVII. Ein alt geistlich lied / von der geburt vnsers Herrn vnd
heilands Jhesu Christi" aufgenommen ist, und zwar lateinisch und deutsch. Nach Anweisung des Babstschen Gesangbuchs sollte es auf die Melodie des vorausgehenden Liedes,
also *Vom Himmel hoch, da komm ich her,* gesungen werden.

Auch für dieses Lied bildet Lk 2,1–20 die Vorlage; daneben
Mt 2,1–18. Der Rekurs auf den alttestamentlichen Propheten
Micha bezieht sich auf Mi 5,1 („Und du, Bethlehem Efrata, die
du klein bist unter den Tausenden in Juda, aus dir soll mir
kommen, der in Israel Herr sei, dessen Ausgang von Anfang
und von Ewigkeit her gewesen ist") und benennt damit den
Zusammenhang von Verheißung und Erfüllung.

Das Kommen des Gottessohnes und dass er „mit euch ist
worden ein", also dass Gott Mensch geworden ist, ist mit

---

1) Abbildung: Heidrich-Schilling, 138 f.

Recht („billich") ein Grund zur Freude. Durch den Herrn, Bruder und „gesell[en]", d. h., den Kameraden, Bundesgenossen, Freund und Helfer Christus ist die Macht der Sünde und des Teufels gebrochen. Dass Christus der „gesell" der Menschen geworden ist, ist der eigentliche Grund der Weihnachtsfreude. Seinem Kommen entspricht auf der Seite der Menschen die „zuuersicht", also das herzliche Vertrauen, sich diesem Gesellen in allen Nöten anzuvertrauen, im Wissen, dass er ein zuverlässiger Lebensbegleiter ist. Das wird sich auch am Ende – des je eigenen Lebens und der Geschichte – erweisen: Die Tatsache, dass die Menschen „Gotts geschlecht" geworden sind, wird sie jetzt und einst bewahren. Das ist Grund zur Dankbarkeit und „alle zeit ... frölich" zu sein (vgl. Strophe 3,1).

6 Was fürchtst du, Feind Herodes, sehr

Dieses Lied ist seit langem aus den evangelischen Gesangbüchern verschwunden. Weder das Evangelische Kirchengesangbuch (EKG, 1950) noch das Evangelische Gesangbuch
(EG) haben es aufgenommen.

Wie die Überschrift zeigt, handelt es sich auch bei diesem
Lied um die Übersetzung eines lateinischen Hymnus: *Hostis
Herodes impie*. Dieser Hymnus verwendet aus dem Hymnus
A solis ortus cardine des Caelius Sedulius die achte, neunte,
elfte und dreizehnte Strophe und fügt diesen eine doxologi-
sche fünfte Strophe an:

Hostis Herodes impie,	Lavacra puri gurgitis,
Christum venire quid times?	caelestis agnus attigit,
Non eripit mortalia,	Peccata, quae non detulit,
qui regna dat caelestia.	nos abluendo sustulit.
Ibant magi, quam viderant	Novum genus potentiae,
stellam sequentes praeviam,	aquae rubescunt hydriae,
Lumen requirunt lumine,	Vinumque iussa fundere,
deum fatentur munere.	mutavit unda originem.

Iesu, tibi sit gloria,
qui apparuisti gentibus,
cum patre et almo spiritu
in sempiterna saecula. Amen.

Schon Thomas Müntzer (um 1489–1525) hatte 1523 eine Übersetzung dieses – von ihm für das Fest der Geburt Christi be-
stimmten – Hymnus angefertigt und in sein *Deutzsch kirchen ampt* aufgenommen.[1]

---

1)   Text: Heidrich-Schilling 171.

Dieses Lied ist das einzige Lied Luthers, von dem wir das Entstehungsdatum kennen: Er schrieb es, wie sein Mitarbeiter Georg Rörer überliefert, am 12. Dezember 1541. Luther hat es als Lied zu Epiphanias gedichtet, und diese Stellung nimmt es auch im Babstschen Gesangbuch ein. Als Melodie wird hier *A solis ortus cardine* angegeben. Der Erstdruck war im Klugschen Gesangbuch von 1543/44 erfolgt.

Die biblische Grundlage ist Mt 2,1-18. Die drei Gaben (V. 11) Weihrauch, Myrrhe und Gold stehen seit der Zeit der Alten Kirche für die Gottheit, die Menschheit und die Königsherrschaft Christi: Weihrauch gebührt dem Gott, die bittere Myrrhe zeigt das künftige Leiden des Gottessohnes an, sie steht zugleich – ein klassisches Heil- und Schmerzmittel – für Jesus als Arzt, Heiland und Retter. Gold ist das angemessene Geschenk für den König. Die dritte Strophe thematisiert die Taufe Christi; das Lied steht damit in engem Zusammenhang mit dem Lied *Christ, unser Herr, zum Jordan kam* (**18**). Durch seine Taufe (vgl. Mt 3,13-17; Mk 1, 9-11; Lk 3,21 f. [Joh 1,29-34]) hat der sündlose Christus die Menschen von den Sünden befreit. Die zentrale Aussage ist, im Anschluss an den Hymnus, wiederum die soteriologische: Das Lied erzählt nicht nur die Geschichte Jesu weiter, sondern stellt das Lamm Gottes vor, das die Sünde der Welt trägt (Joh 1,29). Das darauf folgende „wunderwerck" ist die Verwandlung von Wasser in Wein auf der Hochzeit in Kana (Joh 2,1-11), das erste Zeichen, das Jesus tat (Joh 2,11). Die aktuelle Perikopenordnung verzeichnet denn auch Joh 2, 1-11 als Predigttext für den 2. Sonntag nach Epiphanias. In seiner drastisch-veredelnden Form der Verwandlung repräsentiert das Wein-Wunder besonders deutlich die Herrlichkeit Jesu. Die Doxologie nimmt noch einmal die Rede von der „reinen Magt" auf und dankt dem dreieinigen Gott.

Man könnte das Lied als Antwort auf die Frage deuten, worin das Himmelreich bestehe. Antwort: Darin, dass Jesus Christus, Gott und Mensch, der König ist. Das ist er, indem er sich, wie die Menschen, taufen lässt, aber, anders als die Menschen, den Tod auf sich nimmt, den er nicht hätte erleiden müssen. Darum gehen der Sinn und die Kraft des Himmelreichs – wie in dem Geschehen in Kana – ins Wort ein, um das es im Singen des Liedes und in der Verkündigung des Wortes im Gottesdienst geht. Aus einer scheinbaren Aneinanderreihung von Begebenheiten aus der „Frühzeit" Jesu ergibt sich so in Wahrheit ein Gesamtbild der Existenz Jesu „für uns".

7 Mit Fried und Freud ich fahr dahin

Im Evangelium des Lukas (2,22–35) wird berichtet, dass der kleine Jesus von seinen Eltern nach acht Tagen, wie es üblich war, nach Jerusalem in den Tempel gebracht wurde. Dort trafen sie auf den greisen Simeon. Im biblischen Text heißt es nach Luthers Übersetzung: „Herr, nun lässt du deinen Diener in Frieden fahren, wie du gesagt hast; denn meine Augen haben deinen Heiland gesehen, das Heil, das du bereitet hast vor allen Völkern, ein Licht zur Erleuchtung der Heiden und zum Preis deines Volkes Israel." Das *Canticum Simeonis*, das mit den Worten „Nunc dimittis" beginnt und in den Quellen entsprechend bezeichnet wird, hatte seinen Ort im Gottesdienst am Fest Mariae Reinigung (2. Februar). Nach Num 12, 2–4 gilt eine jüdische Frau vierzig Tage nach der Geburt eines Jungen als unrein, der Tempelgang Mariens diente also ihrer rituellen Reinigung.

Die „Darstellung Jesu im Tempel" („praesentatio Jesu in templo") wurde seit dem 4. Jahrhundert am vierzigsten Tag nach Weihnachten gefeiert. Im Lauf der Geschichte verlagerte sich der Schwerpunkt immer mehr von einem Christus- hin zu einem Marienfest; an Mariae Lichtmess endete zugleich die Weihnachtszeit.

Das Lied ist, wie das biblische Canticum, Simeon in den Mund gelegt. Nachdem er den Heiland gesehen hat, kann er getrost aus diesem Leben gehen: Der Tod ist für ihn ein Schlaf geworden. Der Grund für dieses neue Verständnis des Todes ist der treue Heiland (vgl. *Nun bitten wir den Heiligen Geist* (**12**), Strophe 2,3), den Gott hat ihn sehen lassen, der das Leben ist (vgl. Joh 14,6) und das Heil in Not und Sterben. Auch hier gibt es Verwandtschaft mit *Nun bitten wir den Heiligen Geist* – „Du höchster tröster in aller not" heißt es dort vom Heiligen Geist.

Gott hat Jesus Christus aller Welt vor Augen gestellt und die ganze Welt in sein Reich geladen, und zwar durch sein teures, heilsames Wort, das überall in der Welt erschollen ist. Christus ist das Heil der ganzen Welt, und er ist überall bekannt gemacht worden, so dass alle, die das Wort Gottes hören, eingeladen sind, zu ihm zu kommen.

Nicht nur für Simeon, nicht nur für den einzelnen in seiner Not und in seinem Sterben, sondern für die Heiden, die Völker, für alle Welt ist Christus das Heil. Er soll diejenigen, die ihn nicht kennen, erleuchten und als der gute Hirte (vgl. Joh 10,5) weiden. Er ist für das Volk Israel, das alte und das neue Gottesvolk, der Höchste, und von ihm gehen Freude und Wonne aus, gelingendes Leben in der Welt und ein seliges, das heißt angstfreies, in Gott und seine Barmherzigkeit geborgenes und auf ihn vertrauendes Sterben.

Zwei Perspektiven überkreuzen sich hier: die individuelle des Simeon, der sterben kann, weil er das Heil, Jesus, gesehen hat, und die universale, derzufolge Christus allen vorgestellt ist und alle in sein Reich ruft, in dem diese dasselbe, nämlich Leben aus dem Tod, erwarten dürfen.

8 Christ lag in Todesbanden

Ein Passionslied hat Luther nicht gedichtet. Mit dem Lied *Christ lag in Todesbanden* wird im Babstschen Gesangbuch der Osterzyklus eröffnet. Die Überschrift „Christ ist erstanden / gebessert" bezieht sich auf die gleichnamige Osterleise, die Luther „bessert", also theologisch-poetisch so formuliert, dass die Osterbotschaft nach seinem Verständnis recht zur Geltung kommt.

Das Lied wurde auf einem Einblattdruck 1524 bei Heinrich Steiner in Augsburg gedruckt, zusammen mit dem Osterlied *Jesus Christus, unser Heiland, der den Tod überwand* (**9**), vielleicht nach einem (verlorenen) Wittenberger Einblattdruck, denn auch der Augsburger Druck gibt als Druckort (fälschlich) Wittenberg an.[1]

Die lateinische Vorlage ist die Ostersequenz *Victimae paschali laudes* des Wipo von Burgund (gest. nach 1046). Sie wurde in der Liturgie der römischen Messe in der Osterwoche gesungen und blieb auch nach dem Konzil von Trient als eine von vier Sequenzen im Gottesdienst der römisch-katholischen Kirche erhalten.

---

1) Abbildung: Heidrich-Schilling, 51.

1. Victimae paschali laudes
immolent christiani.

2. Agnus redemit oves,	3. Mors et vita duello
Christus innocens patri	conflixere mirando;
reconciliavit	dux vitae mortuus
peccatores.	regnat vivus.
4. Dic nobis, Maria,	5. Angelicos testes,
quid vidisti in via?	sudarium et vestes.
„Sepulcrum Christi viventis	Surrexit Christus, spes mea,
et gloriam vidi resurgentis;	praecedet suos in Galilaea."
6. Credendum est magis soliMariae veraci	7. Scimus Christum surrexisse
quam Judaeorum	ex mortuis vere;
turbae fallaci.	tu nobis, victor
	rex, miserere.[2]

Übersetzung: Dem österlichen Opfertier sollen die Christen Lob opfern. – Das Lamm hat die Schafe erlöst, der schuldlose Christus hat die Sünder mit dem Vater versöhnt. – Tod und Leben stritten in einem wundersamen Zweikampf: Der tote Führer des Lebens herrscht als lebendiger. – Sag uns, Maria, was hast du auf dem Weg gesehen? „Das Grab des lebendigen Christus und die Herrlichkeit des Auferstandenen habe ich gesehen, – die Engel als Zeugen, das Schweißtuch und die Kleider. Auferstanden ist Christus, meine Hoffnung, er wird den Seinen in Galiläa vorangehen." – Zu glauben ist mehr der einzigen wahrhaftigen Maria als der trügerischen Schar der Juden. – Wir wissen, dass Christus wahrhaft von den Toten auferstanden ist. Du, Sieger, König, erbarme dich unser.

---

2)   Zit. nach Analecta Hymnica 54, Leipzig 1915, 12 f. Nr. 7.

Sequenz und Lutherlied betonen gleichermaßen den Op-
fercharakter der Passion Jesu: „für unser sund gegeben".
Durch seine Auferstehung aber hat Christus den Menschen,
uns, das Leben gebracht. Das ist Grund zu Freude und Dankbarkeit. Damit ist bereits in der ersten Strophe die ganze Geschichte und Wirkung von Passion und Ostern umfasst.

Die folgenden Strophen führen die Botschaft der ersten
breiter aus, den Zusammenhang von Sündenfall und Tod der
Menschheit, die Überwindung des Todes durch den Tod Christi, unter Rekurs auf das Auferstehungskapitel 1Kor 15 (bes.
55 f.). Das Blut Christi ist es nunmehr, an dem im neuen Bund,
in Erinnerung und Überbietung der Erzählung in Ex 12
(V. 7.23), die Macht des Todes gebrochen wird, und der Rekurs
auf die „Schrifft" (V. 26) bezieht sich auf Hos 13,14. Dort heißt
es in der Fassung der Vulgata: „de manu mortis liberabo eos,
de morte redimam eos, ero mors tua o mors, ero morsus tuus
inferne": Aus der Hand des Todes werde ich sie befreien, vom
Tode werde ich sie erretten, ich werde dein Tod sein, o Tod, ich
werde dein Biss sein, Totenreich. Und daraus folgt: „der sunden nacht ist vergangen" (V. 42). Das ist Grund zur Freude und
zum Feiern: Nicht die ungesäuerten Brote des jüdischen Pas-
sahfestes (vgl. Mt 26,17), sondern allein Christus will die See-
lenspeise sein, und der Glaube will und braucht nichts anderes zum Leben als eben ihn allein.

Luther hat die alte Sequenz ungeheuer dynamisiert: Er hat
sowohl die Macht der Sünder tiefer beschrieben als auch den
„wünderlich krieg" (Strophe 4, 1), das „duellum mirabile", kräf-
tiger gezeichnet. Maria wird getilgt als Zeugin der Auferstehung – es kommt weniger auf die Erzählung selbst und die
Überlieferung des Geschehens als auf dessen Frucht an.

Schon Samuel Scheidt (1587–1654) hatte die erste Strophe
des Liedes in seinen *Cantiones Sacrae* (1620; Nr. 22) eindrucks-

voll vertont. Zu den frühesten und bedeutendsten Kantaten über dieses Lied gehört Johann Sebastian Bachs Meisterwerk *Christ lag in Todesbanden* (BWV 4). Vielleicht hat er sie schon 1707 als Probestück für seine Bewerbung in Mühlhausen erarbeitet; in Leipzig aufgeführt wurde sie an Ostern 1725.[3]

---

3) Vgl. dazu Konrad Klek, Dein allein ist die Ehre. Johann Sebastians Bachs geistliche Kantaten erklärt. Band 1 Choralkantaten, Leipzig 2015, 260–266.

9 Jesus Christus, unser Heiland, der den Tod überwand

Luthers zweites Osterlied fällt knapper aus als *Christ lag in Todesbanden* (**8**), bringt aber die Substanz der Osterbotschaft unvermindert zur Geltung. Es wurde 1524, zusammen mit *Christ lag in Todesbanden* auf demselben Einblattdruck von Heinrich Steiner in Augsburg, verbreitet, bereits dort unter dem Titel wie im Babstschen Gesangbuch: *Ein lobgesang / auff das Osterfest*. Das Lied ist eine Leise, alle Strophen enden mit dem Ruf *Kyrieleis* – Herr, erbarme dich.

Jesus Christus, wahrer Gott und wahrer, sündloser Mensch, hat die Sünde „gefangen" und Gott mit den Menschen versöhnt, so dass Gott den Menschen, uns, seine „huld", seine göttliche Zuneigung, ja, seine Liebe gewährt. Strophe 2 „trug für vns Gotts zorn" erinnert an das Gottesknechtslied in Jes 53. Paulus formuliert dieses Geschehen so: „Denn Gott war in Christus und versöhnte die Welt mit ihm selber und rechnete ihnen ihre Sünden nicht zu und hat unter uns aufgerichtet das Wort von der Versöhnung" (2Kor 5,19).

Derselbe Jesus Christus, der gelitten hat und auferstanden ist, hat als solcher alles in seinen Händen: Tod, Sünde, Leben und Gnade, alles. Er hat sich als der leidende Gerechte erwiesen und ist zugleich der Allmächtige, der alle retten kann, die zu ihm kommen. Denn das ist eigentlich das Ziel des Lebens und Sterbens und der Auferstehung Jesu Christi: zu suchen, was verloren ist, und zu erretten, wer Rettung sucht. Die besondere Pointe in der letzten Strophe liegt auf „vnd genad". Es zielt alles auf die Gnade, nicht auf das Gericht. Nach seiner Auferstehung ist Gott grundsätzlich und durch und durch der gnädige Gott.

10 Komm, Gott Schöpfer, Heiliger Geist

Im Babstschen Gesangbuch folgt nach einem Ostergebet sowie einem Holzschnitt mit der Darstellung der Himmelfahrt Christi und einem dazu gehörigen Gebet ein Holzschnitt mit der Darstellung des Pfingstgeschehens unter der Überschrift „Ich will ausgiessen von meinem Geist auff alles fleisch / Vnd ewre sőn vnd ewre tőchter sollen weissagen etc. Joel. ij." [3,1 f.; zitiert in Apg 2,17] als erstes Pfingstlied *Der Hymnus / Veni creator spiritus / verdeutscht / Durch D. Mart. Luther.*

Dieser Hymnus ist in seiner liturgischen Verwendung zuerst 1049 nachgewiesen. Eine Zuschreibung an den Fuldaer Abt und Mainzer Erzbischof Hrabanus Maurus (780–856) wird seit 1617 durch die Literatur mitgeschleppt; Belege für seine Autorschaft gibt es indes nicht. Aber in die Karolingerzeit dürfte der Hymnus doch zu datieren sein. *Veni creator spiritus* ist die im Mittelalter am häufigsten übersetzte lateinische Dichtung in die deutsche Sprache, und so wird ihn auch Luther in seiner lateinischen Urgestalt und in einer deutschen Version gekannt haben. Der Text lautet in einer der verbreiteten Fassungen (Varianten des Textes sind bei der Breite der Überlieferung und Rezeption nahezu selbstverständlich):

Veni creator Spiritus,
mentes tuorum visita,
imple superna gratia,
quae tu creasti, pectora.

Accende lumen sensibus,
infunde amorem cordibus,
infirma nostri corporis
virtute firmans perpeti.

Qui diceris paraclitus,
donum Dei altissimi,
fons vivus, ignis, caritas
et spiritalis unctio.

Hostem repellas longius
pacemque dones protinus:
ductore sic te praevio
vitemus omne noxium.

Tu septiformis munere,
dextrae Dei tu digitus,
tu rite promissum Patris,
sermone ditans guttura.

Per te sciamus da Patrem,
noscamus atque Filium,
te utriusque Spiritum
credamus omni tempore.

Die Übersetzung bleibt dicht am Text des Originals. Luthers Vorlage kennen wir nicht; im Unterschied zu anderen überlieferten, insgesamt nicht einheitlichen Fassungen hat Luther in seiner Bearbeitung die Strophen drei und vier vertauscht und als letzte eine – vielleicht bereits in seiner Vorlage vorhandene – doxologische Strophe angefügt.

Das Lied gehört zu den frühen, 1524 in den Erfurter Enchiridien und in Johann Walters Wittenberger Gesangbuch veröffentlichten Liedern. Auch Thomas Müntzer (ca. 1489–1525) hatte den Hymnus 1523 übersetzt und in sein *Deutzsch kirchen ampt* aufgenommen. Ob diese Übersetzung Luther bekannt war, wissen wir nicht, wahrscheinlich ist es aber schon.

Das Lob des Schöpfer-Geistes erklingt seit den Zeiten der frühen Kirche. Dass der Geist lebendig macht, bezeugt schon das Glaubensbekenntnis von Nizäa und Konstantinopel (325/381), wenn es dort im dritten Artikel heißt: „Wir glauben an den Heiligen Geist, der Herr ist und lebendig macht" („credo ... et in spiritum sanctum dominum et vivificantem").

Das Zeugnis des Paulus bekennt: „die Liebe Gottes ist ausgegossen in unsre Herzen durch den Heiligen Geist, der uns gegeben ist" (Röm 5,5). In dieses Bekenntnis zur schöpferischen Lebenskraft des Geistes stimmt auch Luther in und mit seinem Lied ein. Durch zahlreiche Bezüge auf biblische Texte und Bilder, durch die dieser Geist besungen wird, so als der nach Joh 14 verheißene Tröster, als Verstand, Herz und Leib gleichermaßen stärkende Kraft und als Finger Gottes, entsteht ein dichtes Lob des vielfältigen Geistes, durch den Gott seine Schöpferkraft in den Menschen gelegt hat und diese je und je neu zu Wirkung und Geltung kommen lässt.

11 Komm, Heiliger Geist, Herre Gott

Das zweite Pfingstlied im Babstschen Gesangbuch ist „Veni sancte Spiritus / gebessert", also die Bearbeitung einer lateinischen Pfingstantiphon. Sie lautet: „Veni sancte spiritus, reple tuorum corda fidelium et tui amoris in eis ignem accende, qui per diversitatem linguarum gentes in unitatem fidei congregasti." Eine deutschsprachige Fassung findet sich schon in der ersten evangelischen Messe, die Caspar Kantz (um 1483–1544) im evangelischen Gottesdienst in Nördlingen eingeführt hatte.[1] Da lautet der Text: „Kumm hailiger gaist / erfille die hertzen deiner glaubigen / vnd entzind in ynen dz [das] feur deiner gŏttlichen liebe / der du durch manigfaltigkait der zungen die vŏlcker der gantzen welt versamlet hast in ainikait des glaubens Alleluia."[2]

Luther hat die erste Strophe vorgefunden, überarbeitet und durch zwei Strophen ergänzt. Die Anrede an den Heiligen Geist bittet um die Erneuerung des Pfingstwunders, wie es in Apg 2 beschrieben wird. Der Geist wird als „Herre Gott" angerufen, der Herz, Mut und Sinn der Gläubigen, also den ganzen Menschen, erfüllen soll, und zwar mit dem Gut seiner Gnade, die

---

1) VD 16 K 79–92. ZV 2692.2693.8840.32013.

2) Von der Euan ‖ gelsichē [!] Mesz ‖ Mitt schŏnen Christlichñ Ge ‖ beettenn vor vnd nach ‖ der entpfachung des ‖ Sacraments. ‖ Durch Caspar Kantz ‖ von Nŏrdlingen. ‖ Jm jar.M. ‖ D.XXiiij. ‖ [Augsburg: Melchior Ramminger]. – VD 16 K 79 (online), Bl. A vᵛ. – Vgl. auch Wolfgang Herbst (Hg.), Evangelischer Gottesdienst. Quellen zu seiner Geschichte. 2., völlig neu bearb. Aufl. der „Quellen zur Geschichte des evangelischen Gottesdienstes". Göttingen 1992, 9. – Eine modernisierte Fassung steht im Evangelischen Gesangbuch 156.

sich in brennender Liebe erweisen soll. Damit ist umfassend beschrieben, was Gott dem Menschen schenkt. Gott erleuchtet die Menschen und führt sie aus aller Welt zusammen zu seiner Gemeinde. Dafür soll und möchte man ihn loben.

Das göttliche Licht soll den Menschen „des lebens wort" (V. 11) leuchten lassen, sie also durch das göttliche Wort erleuchten und ihnen damit ein Leitstern für ihr Leben sein. Die Erkenntnis Gottes, die Gott selbst durch seinen Geist schafft, lässt ihn die Menschen als „Vater" anreden, und zwar „von hertzen". Damit kann und soll sich die Suche nach einem anderen „meister" erledigen. Jesus ist allein der rechte Meister; auf ihn soll sich der rechte, der wahre und beständige Glaube richten, und ihm allein mögen die Menschen „aus gantzer macht vertrawen" (V. 17).

In der dritten Strophe wird der Heilige Geist als „brunst" und „süsser trost" (V. 19) besungen und um seinen Beistand gebeten: „frölich vnd getrost" (V. 20) sollen die Menschen ihr Leben im Dienst Gottes – als Gottesdienst, wie und wo immer sie tätig sind – führen. Dabei bauen sie nicht auf eigene Kraft – „Mit vnser macht ist nichts gethan" heißt es entsprechend in *Ein feste Burg* (**24**) –, vielmehr soll Gott ihre Schwäche („blödigkeit") in Stärke verwandeln, damit sie hier auf Erden als christliche Streiter bestehen und zu Gott gelangen können.

Luther bezeichnet den Heiligen Geist als „Brunst", also gleichsam als ein brennendes Feuer, eine Feuersbrunst. Das stimmt mit einem Bild überein, das er 1522, in den Wirren der frühen Reformation in Wittenberg, in den Predigten in der Invokavitwoche gefunden hatte: „got ist ein glüender backofen foller liebe, der da reichet von der erden biß an den hymmel."[3]

---

3) WA 10 III, 56,2 f. (Predigt am 15. März 1522).

12 Nun bitten wir den Heiligen Geist

Das dritte und abschließende Pfingstlied im Babstschen Gesangbuch ist *Der lobsang / Nu bitten wir den heiligen Geist.*
Dieser Gesang wird von Luther 1523 in seiner Gottes-
dienstordnung *Formula missae et communionis* erwähnt.
Man möge diese überlieferte Leise, neben *Gott sey gelobet vnd
gebenedeyet* und *Ein kindelin so lobelich,* nach der Kommu-
nion während des Gottesdienstes singen.[1]
Die Leise geht auf die um 1200 entstandene Pfingstse-
quenz *Veni sancte spiritus et emitte caelitus* zurück.

Veni, Sancte Spiritus,	Komm, Heiliger Geist,
et emitte caelitus	und sende vom Himmel her
lucis tuae radium.	deines Lichtes Strahl.
Veni, pater pauperum,	Komm, Vater der Armen,
veni, dator munerum,	komm, Geber der Gaben,
veni, lumen cordium.	komm, Licht der Herzen.
Consolator optime,	Bester Tröster,
dulcis hospes animae,	süßer Gast der Seele,
dulce refrigerium.	süße Erfrischung.
In labore requies,	In der Mühe [bist du] Ruhe,
in aestu temperies,	in der Hitze Mäßigung,
in fletu solatium.	im Weinen Trost.
O lux beatissima,	O seligstes Licht,
reple cordis intima	erfülle das Innere des Herzens
tuorum fidelium.	deiner Gläubigen.

---

1) WA 12, 218, 23–30.

Sine tuo numine	Ohne dein Wirken
nihil est in homine,	ist nichts im Menschen,
nihil est innoxium.	ist nichts unschuldig.
Lava, quod est sordidum,	Wasch ab, was schmutzig ist,
riga, quod est aridum,	benetze, was trocken ist,
sana, quod est saucium.	heile, was verwundet ist.
Flecte, quod est rigidum,	Beuge, was starr ist,
fove, quod est frigidum,	wärme, was kalt ist,
rege, quod est devium.	lenke, was vom Weg abweicht.
Da tuis fidelibus	Gib deinen Gläubigen,
in te confidentibus	die auf dich vertrauen,
sacrum septenarium.	die siebenfache heilige Gabe.
Da virtutis meritum,	Gib der Tugend Lohn,
da salutis exitum,	gib Ausgang im Heil,
da perenne gaudium. [2]	gib ewige Freude.

Eine deutschsprachige Fassung ist schon im 13. Jahrhundert bekannt und war auch Luther geläufig. Seine vierstrophige Fassung steht 1524 in Johann Walters Wittenberger Gesangbuch ohne ausdrückliche Bestimmung für das Pfingstfest; in der *Deudsche[n] Messe* ist das Lied zwischen Epistel und Evangelium vorgesehen („Auff die Epistel singet man ein deudsch lied / Nu bitten wyr den heyligen geyst / odder sonst eyns / vnd das mit dem gantzen Chor"[3]), und auch in seine Begräbnislieder hat es Luther 1542 aufgenommen.

---

2) Lateinischer Text zitiert nach: Lateinische Hymnen. Hrsg. von Alex Stock, Berlin 2012, 178 f. – Übersetzung: Johannes Schilling.

3) Vgl. WA 19, 90,5 f.

Die Bitte um den rechten Glauben, um die Bewahrung am Ende des Lebens, beim Abscheiden aus der Gottesferne („elende") bestimmt den Geist der ersten Strophe. In den folgenden Strophen wird Gottes Geist als „liecht", „sůsse lieb" und „hôchster trôster" angesprochen – ein Licht, das zur Erkenntnis Christi führt, der allein der Erlöser ist und die Menschen aus dem „elende ... zum rechten Vaterland" gebracht hat; eine Liebe, die in den Menschen diese Liebe fortzeugen soll und aus der Frieden und Einigkeit entstehen; ein unübertrefflicher Tröster, der in allen Wechselfällen des Lebens alle Furcht vor Menschen und Mächten nehmen kann.

Der Heilige Geist ist damit der Gott, der zum Glauben und aus dem Glauben zur Liebe führt, den Menschen am Ende vor allem bewahrt, was ihm äußerlich und innerlich zustoßen kann und ihn vor allem schützt, was „der feind" ihm antun kann und will. Und die Anrufung des Heiligen Geistes ist ein Akt des Vertrauens, das in allen Nöten im Leben und im Sterben und über den Tod hinaus sich auf Christus allein verlässt.

Auf das Lied folgt, wie häufig, „Ein Gebet. Schaffe in mir / Got ein reines hertze. Vnd gib mir einen newen gewissen Geist [Ps 51,10]. HERR Gott lieber Vater / der du (an diesem tage) deiner glewbigen hertzen / durch deinen heiligen Geist erleuchtet vnd gelerct hast / Gib vns / das wir auch durch den selbigen geist / rechten verstand haben / vnd zu aller zeit seines trosts vnd krafft vns frewen / Durch den selbigen deinen Son / Jhesum Christum / vnsern HERREN / Amen."

Es steckt ein ganzes christliches Leben darin: Glaube, der sich darstellt als „kennen", „lieben" und getröstet sein, und das alles vom Heiligen Geist, also konkret, wie oben schön gesagt: Gott selbst, der auf den Menschen zu- und in ihn eingeht. Darum findet sich in allen vier Strophen immer wieder „uns" als Gegenüber zum „du".

In einer frühen Predigt[4] hat Luther die Frage gestellt: Warum bitten wir so inständig wie möglich um den wahren Glauben in diesem Gebet: Nun bitten wir den Heiligen Geist? Antwort: Weil es die Substanz alles dessen ist, was wir zu hoffen haben.

---

4) WA 4, 602, 24–26: „Cur quam maxime petimus veram fidem in ista oratione: Nu bitten wir den heiligen Geist? Respondetur: Quia substantia rerum sperandarum."

13 Gott der Vater wohn uns bei

Das Lied beruht auf vorreformatorischen Modellen. In solchen (Prozessions-) Gesängen wurden die Mutter Gottes oder Heilige angerufen; überliefert sind Bittgesänge an Maria, Petrus, alle Propheten, die Heiligen Christophorus und Nikolaus und auch an den Erzengel Michael. Der Joachimsthaler Kantor und Pfarrer Nikolaus Hermann (um 1480 / um 1500–1561) erinnerte in der Vorrede zu seinen *Historien von der Sindfludt* ... eine Generation später noch daran, dass man Christus für einen strengen Richter gehalten und deshalb Zuflucht bei Maria und den Heiligen gesucht habe, auch und gerade in den Gesängen.[1]

Luther hat den Gesang zu einem trinitarischen umgeformt und eine dreistrophige Fassung geschaffen, in der die singende Gemeinde sich allein an den dreieinigen Gott wendet und ihn um Hilfe in allen Nöten bittet, und zwar im Leben und im Sterben. Zentral ist dabei die Bitte „halt vns bey festem glawben", die durch die nachfolgenden Verse ausgelegt wird. Glauben und Gottvertrauen werden als die Waffen Gottes bezeichnet, mit denen dem „Teuffel", also den widergöttlichen Mächten, begegnet werden kann und soll.

In der Abfolge der Lieder innerhalb des Gesangbuchs steht das Lied, wie schon in Johann Walters Wittenberger Gesangbuch von 1524, nach den Pfingstliedern, also gleichsam als Lied für die Trinitatiszeit.

---

1) Nikolaus Hermann, Die Historien von der Sindfludt ... Wittenberg 1562 (VD 16 H 2380 und ZV 26077), Bl. Br – B ijr ; vgl. WA 35, 179.

Bemerkenswert ist, dass Luther sein Anliegen mit denselben Worten an alle drei Personen der Trinität richtet und es ihnen allen insgemein anvertraut. Gott, der Vater, Jesus Christus und der Heilige Geist werden je für sich und in dem Lied als ganzem angesprochen, und die Wiederholung der Bitte an jede der göttlichen Personen macht diese selbst eindringlicher. Was in vorreformatorischer Zeit an Maria, einzelne Heilige oder auch „alle Propheten" adressiert war, wird nun in der Bitte an den dreieinigen Gott zusammengefasst, den wahren Gott, zu dem man Zuflucht nehmen soll in allen Nöten. Und mit der Bitte verbindet sich die Erwartung und Hoffnung, dass Gott der Vater, Jesus Christus und der Heilige Geist in ihrer Dreieinigkeit die Bitte erhören und den Betern zu Hilfe kommen. Die Werke der Dreieinigkeit nach außen sind ungeteilt („Opera trinitatis ad extra sunt indivisa") lehrte schon die Alte Kirche.[2] Dieser Grund ist es, auf dem Luthers Trinitatislied ruht.

Aus demselben Geist ist das dem Lied folgende Gebet verfasst:

„Ein Gebet.

Wir loben Gott den Vater / Son / vnd den heiligen Geist / Haleluia.

Vnd preisen jn von nun an bis in ewigkeit / Haleluia.

ALmechtiger ewiger Gott / der du vns geleret hast in rechtem glauben zu wissen vnd bekennen / Das du inn drey Personen gleicher macht vnd ehren[3] / ein einiger ewiger Gott / vnd dafür anzubeten bist / Wir bitten dich / Du wollest vns

---

2) Vgl. dazu Wolfhart Pannenberg, Systematische Theologie II. Göttingen 1991, S. 15–23.

3) Vgl. Wir glauben all an einen Gott (16), Strophe 2: „... gleicher Gott von macht vnd ehren ...".

bey solchem glauben allzeit feste erhalten / wider alles / das da gegen vns mag anfechten / Der du lebest vnd regierest / von ewigkeit zu ewigkeit / Amen."

Luther hat später noch einmal ein Lied über die Trinität verfasst *Der du bist drei in Einigkeit* (**63**), das aufgrund seiner lateinischen Vorlage in eine spätere Rubrik des Babstschen Gesangbuchs aufgenommen wurde.

14 Dies sind die heilgen Zehn Gebot

15 Mensch, willst du leben seliglich

I

Die Lieder 14–21 sind, nach den vorausgehenden Liedern zum Kirchenjahr, den Katechismusstücken gewidmet.

Luthers Katechismusliedern wird im Babstschen Gesangbuch eine Einleitung vorangestellt: „NV folgen geistliche Gesenge / darin der Catechismus kurtz gefasset ist / Denn wir ja gern wolten / das die Christliche lere auff allerley weise / mit predigen / lesen / singen etc. vleissig getrieben / vnd immer dem jungen vnd einfeltigen volck eingebildet / vnd also fũr vnd fũr rein erhalten vnd auff vnser nachkomen gebracht wũrde. Dazu verleihe Gott gnade vnd segen / durch Jhesum Christum / Amen."

Das Singen der Katechismuslieder sollte nach Luthers Willen dessen Kenntnis stärken: Wenn man die Katechismusstücke kenne, „so kan man darnach auch etliche Psalmen odder gesenge so darauff gemacht sind furlegen zur zugabe und stercke des selbigen und also die iugent ynn die schrifft bringen und teglich weiter faren."[1]

Eröffnet wird die Katechismusabteilung mit den beiden Liedern über die Zehn Gebote, es folgen die Lieder über das Glaubensbekenntnis und das Vaterunser. Diese Reihenfolge folgt einem Verständnis Luthers der Zuordnung der Katechismusstücke[2]: Die Zehn Gebote sollen die Menschen leh-

---

1) WA 30 I, 132, 16–19.
2) Vgl. dazu Albrecht Peters, Kommentar zu Luthers Katechismen. Band 1: Die Zehn Gebote. Luthers Vorreden, Göttingen 1990, 38–49.

ren, was Gott von ihnen fordert, im Glaubensbekenntnis bekennen sie sich, mit dem Christusbekenntnis als Zentrum,
zu dem dreieinigen Gott, und im Vaterunser bitten sie diesen
Gott um alles, um das er gebeten sein will, um die Erfüllung
des Gebotes ebenso wie um die Festigung und Bewahrung des
Glaubens.

II

Das Lied *Dies sind die heilgen Zehn Gebot* gehört zu den frühesten Liedern Luthers, es steht schon in den Erfurter Enchiridien von 1524, dort als erstes seiner Lieder. Vielleicht gab es
sogar zuvor einen – verlorenen – Einzeldruck. In dem (ebenfalls verlorenen) Wittenberger Gesangbuch von 1529 wird das
Lied erstmals Luther als Verfasser zugewiesen.

Man kann fragen, ob das Lied primär liturgischen oder allererst katechetischen Zwecken dienen sollte. Die frühen Ver-
wendungen bald nach der Entstehung zeigen, dass es sowohl
in der ersten wie in der anderen Hinsicht gebraucht wurde. In
Straßburg wurde es in das dortige *Teutsch kirchenampt*[3] aufgenommen; in Wittenberg wurde es in den Katechismusgot-
tesdiensten gesungen. So bestimmte eine Wittenberger Kirchenordnung 1533 ausdrücklich, es solle von den Knaben vor
den Katechismuspredigten gesungen werden.

Die biblische Grundlage des Liedes ist der Dekalog, wie er
im 2. Buch Mose (Exodus) 20, 1–17 und im 5. Buch Mose (Deuteronomium) 5, 6–21 überliefert ist. Seit den Zeiten der alten
Kirche gehören sie zu den christlichen Hauptstücken; in der
mittelalterlichen Kirche dienten sie nicht nur der Katechetik,

---

3) München, Bayerische Staatsbibliothek, Rar. 1085 (VD 16 M 4901), unvoll-
ständig.

sondern auch als Beichtspiegel. Die zehn Finger an den Händen sollten die Gläubigen immer an die Zehn Gebote erinnern, und an ihnen sollten sie den Text memorieren und sich zu Herzen nehmen. Prägnanten Ausdruck fand dieser katechetische Impetus etwa in Holzschnitten und Gemälden[4] oder in dem Denkmal einer Zehn-Gebote-Tafel für den Frankfurter Pfarrer Johannes Lupi[5].

III

Die zweite Strophe thematisiert die Selbstvorstellung Gottes – weil Gott allein der Herr ist, braucht kein anderer Götze die Menschen irre machen. Die Antwort auf das Gottsein Gottes durch den Menschen ist der Glaube, das herzliche Vertrauen, das Gott anerkennt und sich eben nicht beirren lässt. Denn Gott will den Menschen allein für sich und bei sich haben. Der Mensch soll den Namen Gottes angemessen ehren, auch und gerade dadurch, dass er ihn in der Not anruft. Im Großen Katechismus wird Luther später ausführen: „Was heißt einen Gott haben oder was ist Gott? Antwort: Ein Gott heißt das, von dem man alles Gute erwarten und Zuflucht nehmen soll in allen Nöten, so dass einen Gott haben nichts anderes ist, als ihm von Herzen zu vertrauen und zu glauben, wie ich oft gesagt habe, dass allein das Vertrauen und der Glaube des Herzens Gott und Abgott macht. Ist der Glaube und das Vertrauen recht, so ist auch dein Gott recht, und wiederum, wo

---

4) Ruth Slenczka, Lehrhafte Bildtafeln in spätmittelalterlichen Kirchen, Köln Weimar Wien 1998 (Pictura et Poesis 10).

5) Johannes Schilling, Merck, das du ware sagst. Johannes Lupi. Ein Frankfurter Lehrer der Kirche im späten Mittelalter, Regensburg 2016 (Forschungsbeiträge des Bischöflichen Dom- und Diözesanmuseums [Mainz] 3).

das Vertrauen falsch und unrecht ist, da ist auch der rechte Gott nicht. Denn die zwei gehören zusammen: Glaube und Gott. Worauf du nun, sage ich, dein Herz hängst und dich verlässt, das ist eigentlich dein Gott"[6].

Der Ruhetag soll nicht nur darum frei gehalten werden, um Gottes Gebot zu erfüllen und ihm die Ehre zu geben, sondern auch, damit Gott in dem Menschen wirken kann.

Das Elterngebot zielt nicht nur auf den Gehorsam der Kinder gegenüber den Eltern ab, sondern ermahnt sie auch zur Hilfe und nimmt dabei die Verheißung aus der Fassung des Dekalogs im Deuteronomium auf.

Das fünfte Gebot interpretiert Luther im Sinne seiner Auslegung des Jesus in der Bergpredigt (Mt 5,21–26) und bezieht auch das Gebot der Feindesliebe mit ein (Mt 5,43–48).

Auch das sechste Gebot versteht Luther im Sinne der Verkündigung Jesu (Mt 5,27–32): Das Herz soll neben den Ehepartnern keine(n) anderen lieben, und auch die Sexualität soll ihre Entfaltung und Erfüllung in der Ehe finden. Diese wird dabei verstanden als (neue) Keuschheit – die gerade nicht, wie bis zur Reformation, in der ethisch höher bewerteten asketischen Lebensform der Ehelosigkeit, sondern in der Ehe gelebt wird.

Das siebte Gebot legt Luther positiv und ex negativo aus: Man soll andere weder ihres Besitzes noch ihres Vermögens berauben und sie nicht „bis aufs Blut" mit finanziellen Lasten beschweren. Luther wendet sich damit gegen jede Form finanzieller Überforderung der Schuldner; für einen gerechten Zins hielt er etwa 4 bis 5 Prozent auf das geliehene Kapital. Aber es geht nicht nur um das Zuwiderhandeln: Das Ge-

---

6) WA 30 I, 132, 34–133, 8 (Text sprachlich modernisiert).

bot wird recht erfüllt durch die Mildtätigkeit gegenüber den Armen. „in deinem land" lässt dabei an die „Hausarmen" denken, also diejenigen Bedürftigen im eigenen Lebensumfeld, die konkreter Hilfe bedürfen und um die die jeweilige Gemeinde und damit auch deren einzelne Mitglieder sich kümmern sollen.

In gleicher Weise werden die folgenden Gebote ausgelegt. Das achte Gebot warnt vor falschem Zeugnis und vor Lüge und fordert zu Wahrheit und Zivilcourage sowie zu Nachsicht und Behutsamkeit im Falle von Verfehlungen auf. Und das neunte und zehnte Gebot, die auch im Lied zusammengefasst sind, fordert den Menschen auf, von jeder Form des Neides und Übergriffs auf Menschen und Sachen seines Nächsten Abstand zu nehmen – ihm im Gegenteil alles Gute zu wünschen, wie es einem selbst geschehen soll.

Die beiden letzten Strophen bestimmen Sinn und Zweck der Gebote für das Menschenleben: Sie sind ein Erkenntnismittel für die eigene Sünde, will sagen, für die Versuchlichkeit der Menschen und ihre Unvollkommenheit zum Guten. Paulus thematisiert diesen Zusammenhang insbesondere in Röm 3,9–20 (V. 20: „durch das Gesetz kommt Erkenntnis der Sünde"). Damit ist die Funktion des Gesetzes als Spiegel und Überführerin der Sünde benannt. Zugleich ist es Anleitung zu einem guten, gelingenden, menschenfreundlichen und gottgefälligen Leben; man kann und soll aus ihm „lernen wol / wie man für Gott leben sol".

Da solches Leben nicht aus eigener Kraft geführt werden kann, wird in der letzten Strophe um den Beistand Jesu Christi gebeten, „der vnser mitler worden ist". Menschlicher Wille und menschliches Tun allein können die Gebote nicht erfüllen, sondern verdienen nichts als Gottes Zorn – den gerechten Zorn dessen, der seine Gebote eben um eines menschenfreundlichen und gottgefälligen Lebens gegeben hat und gehalten wissen will und beständig die Erfahrung ihrer Nichteinhaltung bzw. Übertretung machen muss. Mit der Bitte um Hilfe des Mittlers (1Tim 2,5) aber ist der Weg der Gerechtigkeit aufgezeigt; er muss nur begangen werden.

IV

Die zehen Gebot kŭrtzer gefasst sind ebenfalls schon 1524 erstmals veröffentlicht worden. Sie erinnern in ihrer ersten Zeile an das *Symbolum Athanasianum* „Quicumque vult salvus esse"[7], ein Glaubensbekenntnis, das zwischen 540 und 670 entstand und in der Reformationszeit (und über sie hinaus) neben dem Bekenntnis von Nizäa und Konstantinopel und dem Apostolischen Glaubensbekenntnis unangefochtene Autorität genoss.

Zwei Gebote werden hier jeweils in einer Strophe zusammengefasst. In Strophe 2 geht es auch hier um das Vertrauen des Herzens, bemerkenswert ist, dass in Strophe 4 dem Gehorsam gegenüber Gott Vorrang vor dem gegenüber den Eltern gegeben wird.

---

7) Textbeginn: „Quicumque vult salvus esse, ante omnia opus est, ut teneat catholicam fidem" / Jeder, der selig werden will, muss vor allem den katholischen Glauben festhalten. – Vgl. dazu Volker Henning Drecoll, Das Symbolum Quicumque als Kompilation augustinischer Tradition, in: Zeitschrift für antikes Christentum 11 (2007), 30–56.

16 Wir glauben all an einen Gott

I

Luthers Credo-Lied steht im Babstschen Gesangbuch nach den Zehn-Gebote-Liedern an zweiter Stelle unter den Katechismusliedern. Es ist 1523 oder 1524 in Wittenberg entstanden, gehört also zu den Erstlingen seiner Lieder. In der Tat hatte er sich schon länger mit den Hauptstücken des Katechismus beschäftigt und u. a. 1520 eine Auslegung der Zehn Gebote, des Glaubensbekenntnisses und des Vaterunsers veröffentlicht (*Eine kurze Form der Zehn Gebote. Eine kurze Form des Glaubens. Eine kurze Form des Vaterunsers*[1]), in der er bereits zahlreiche Formulierungen gefunden hatte, die sich in den späteren Katechismen finden. Seine entsprechenden Predigten und Schriften mündeten 1529 in die beiden Katechismen, den Großen und den Kleinen Katechismus (*Deudsch Catechismus; Der kleine Katechismus*).

Der dreistrophige Text fasst das christliche Credo in ein Lied. Dabei legt Luther das apostolische Glaubensbekenntnis (*Apostolicum*) und dasjenige von Nizäa und Konstantinopel (*Nicaeno-Constantinopolitanum*) zugrunde. Möglicherweise kannte er eine Vorlage, die ihm der Zwickauer Ratsschreiber Stephan Roth (1492–1546) übermittelt hatte:

„Wyr gelauben all in eynen got,
schoffer himels vnd der erden,
der vns zu trost gegeben,
alle ding di sten in seym gepott,

---

1) DDStA 1, 317–361 (WA 7, [194] 204–229).

Von der keusch war er geporen
maria der zcarten auserkoren
vnsz zcu trost vnd aller kristenheyt,
fur vns er wolde leyden,
das wir mochten vormeyden
swere bein des tods der ewickeith."

Die dreistrophige Formulierung des Credo setzt das Verständnis des Apostolikums als eines trinitarischen Bekenntnisses voraus. Vor Luther und auch noch bei seinen Zeitgenossen galt das Bekenntnis als dasjenige der „Zwölfboten", also der zwölf Apostel, denen es artikelweise vom Heiligen Geist eingegeben sei, und wurde entsprechend in zwölf Abschnitte geteilt, so etwa noch in den Katechismen von Johannes Brenz. Tatsächlich ist das Apostolische Glaubenskenntnis aus einem altrömischen Bekenntnis hervorgegangen, und das Glaubensbekenntnis von Nizäa wurde auf dem dortigen Konzil 325 formuliert, auf einem weiteren Konzil 381 in Konstantinopel beschlossen und ist seit dem Konzil von Chalkedon 451 verbindliches Glaubensgut der Kirche.

Luther nahm sein Credo-Lied in die neue Ordnung des Gottesdienstes auf; in seiner *Deutschen Messe* 1526 wird es anstelle des bisherigen lateinischen Credo in die Liturgie des Gottesdienstes integriert. Auch nach vielen anderen Kirchenordnungen der Reformationszeit sollte es als Glaubenslied von den Gemeinden gesungen werden, so auch in einer Kirchenordnung für die Stadt Wittenberg 1533. In ihr gibt es ein Kapitel „Gesenge", in dem es vor allem um die Frage geht, in welcher Weise der „schulmeister" mit den „kindern" an den Gottesdiensten mitwirken soll. Für den Gesang der Schüler sind etliche Lieder Luthers zu verschiedenen Gelegenheiten vorgesehen; es wird aber auch notiert, dass sie nach der

Lesung des Evangeliums „mit dem volk wir gleuben alle an einen gott" singen sollen.[2]

II

Das Lied handelt in seinen drei Strophen von dem dreieinigen Gott; von Gott dem Schöpfer, von Christus dem Erlöser und von dem Heiligen Geist als Heiliger und Vollender der Welt.

Die drei jeweils zehnversigen paargereimten Strophen beginnen mit dem Schöpfergott, der sich als Vater den Menschen schenkt, damit sie seine Kinder werden sollen. Er sorgt für sie in jeder Hinsicht, behütet und bewahrt sie und kann seinen Willen auch durchsetzen: Es steht alles in seiner Macht. Gottes „Schöpfersein" ist also nicht spekulativ-kosmologisch gefasst, sondern auf das von ihm erhaltende Leben der Menschen in der Welt ausgerichtet. Im *Kleinen Katechismus* heißt es entsprechend: „Ich gleube / das mich Gott geschaffen hat sampt allen creaturn / mir leib vnnd seel / augen / orn vnnd alle gelieder / vernunfft vnd alle sinne gegeben hat vnd noch erhelt"[3].

Christus ist der Sohn des Vaters und teilt also mit diesem dessen Willen und seine göttliche Macht. Mit den ersten Versen der zweiten Strophe ist also zunächst die Gottheit Jesu Christi benannt. Danach ist von seiner Menschheit die Rede: Er ist geboren von der Jungfrau Maria durch den Heiligen Geist, und zwar „für uns", zu unserer Erlösung, die wir durch

---

2) Kirchenordnung für die Stadt Wittenberg. 1533. In: Die evangelischen Kirchenordnungen des XVI. Jahrhunderts. Hrsg. von Emil Sehling I 1, Leipzig 1902, 700–710, Zitat 704.

3) DDStA 1, 584, 21–23.

Sünde, Tod und Teufel verloren waren. Dieses „Verloren"-Sein aber ist eine Beeinträchtigung des vom Schöpfer gesetzten Zieles der Menschen. Darum ist Erlösung nötig, als Bestätigung und Vertiefung des Schöpferwillens. Wie geschah diese Erlösung? Durch die Christus-Geschichte im Tod am Kreuz und durch die Auferweckung von den Toten.

In der dritten Strophe wird eingangs noch einmal die Einheit des Heiligen Geistes mit dem Vater und dem Sohn besungen. Darin vollendet sich Gott, sowohl an sich selbst als auch in der Vollendung des Heils der Menschen. Er ist der Tröster aller Schwachen, nämlich der Sünder, und begabt sie mit seinen Gaben, die sie nötig haben, um menschlich zu leben. Das sind nach Jes 11,2 f. die sieben Gaben (Charismen, Gnadengaben) des Heiligen Geistes: Weisheit, Einsicht, Rat, Erkenntnis, Stärke, Frömmigkeit und Gottesfurcht. – In Luthers Lied *Komm, Gott Schöpfer, Heiliger Geist* (**10**) heißt es in Strophe 4:

„Du bist mit gaben siebenfalt /
der finger an Gotts rechter hand /
Des Vaters wort gibstu gar bald /
mit zungen in alle land."

Die ganze Christenheit auf Erden – eine schöne Formulierung Luthers, die keine Grenzen zwischen den Christen kennt – erhält der Heilige Geist in *einem* Sinn. Es ist also das Wirken des Geistes Gottes, nicht der Menschen, dass die Christenheit sich auf ihn ausrichtet. Das geschieht tatsächlich schon in allen Kirchen, und das kann, soll und muss man etwa in allen ökumenischen Anstrengungen berücksichtigen. In dieser Christenheit werden alle Sünden vergeben, und die Christen leben unter der Verheißung der „Auferstehung des Fleisches", also einer neuen Geburt, wie sie etwa in 1Kor 15 angezeigt wird. Schließlich soll nach einem Leben „im Elend", also in der Gottesferne, *uns* ein Leben in Seligkeit bereitet sein, in dem alles neu und kein Leid und Geschrei mehr sein wird. Ein solches Leben in Ewigkeit ist die Vollendung des Willens Gottes – gegen den menschlichen Widerspruch hin zu einem neuen und alles überragenden Ziel.

Luther fasst in diesem Glaubenslied alles zusammen, was von der Schöpfung, von der Geschichte und dem Geschick Jesu Christi als dem Erlösungswerk und von dem Wirken des Heiligen Geistes zu sagen ist. Es ist eine gedichtete und verdichtete Fassung des Evangeliums, das eben auch und gerade durch den Gesang unter die Leute kommen und bei ihnen bleiben soll. Deshalb sollte man es oft und gerne singen. Die Melodie lockt einen geradezu dazu heraus, sie „hält wie ein trinitätstheologischer Taktgeber die drei göttlichen Personen mit ihren wechselnden Werkstücken der Schöpfung, der Erlösung und der Heiligung zusammen und ineins."[4]

---

4) Johannes Block, Wir glauben all an einen Gott (EG 183), in: Mit Lust und Liebe singen ... Göttingen 2018, 80–84, hier 82.

17 Vater unser im Himmelreich

Auf das Credo-Lied folgt als drittes Hauptstück des Katechismus im Babstschen Gesangbuch das Lied über das Vaterunser. Es ist 1538 oder 1539 entstanden und in Luthers eigenhändiger Handschrift, dem Autograph des Verfassers, erhalten.[1] Dieses Autograph ist ein Entwurf, keine endgültige Fassung. Denn Luther hat in ihm Änderungen im Text vorgenommen, für die sechste Strophe eine zweite Fassung notiert und eine Melodie entworfen, die er dann wieder strich. Die Melodie, nach der das Lied bis heute gesungen wurde und wird, stammt von Johann Walter. Sie ist ebenfalls in Walters Handschrift überliefert.[2] Gedruckt wurde das Lied zuerst 1539 in einem Gesangbuch des Leipziger Druckers Valentin Schumann. Seither gehört es zum Kernbestand evangelischer Gesangbücher.

Vorlage für das Lied ist das Herrengebet nach Mt 6,9–13. In neun Strophen fasst Luther das Gebet in ein Lied. Die ersten Verse orientieren sich in ihrem Wortlaut jeweils eng an den Worten des Gebetes Jesu.

Die erste Strophe ruft den Vater an. Der Vater macht alle Menschen zu Brüdern untereinander und gebietet ihnen als solchen, sich im Gebet ihrer Herkunft von Gott zu versichern, da er das Beten von den Menschen haben möchte. Beten ist damit also die Erfüllung von Gottes Wunsch und Willen. Dass es recht geschehen soll, besagt die Schlussbitte: Nicht nur der Mund, sondern das Herz soll beten. Denn nur vom Herzen her

---

1) Abbildung: Heidrich-Schilling, 118.

2) Abbildung: Heidrich-Schilling, 119.

kann man seiner eigenen Herkunft innewerden. Dahinter verbirgt sich die Abwehr des „Plapperns", des unbedachten, ja, mechanischen Hersagens von Gebeten, die Luther den Anhängern der römischen Kirche – zu Recht oder Unrecht – vorwarf. Beten soll keine religiöse Leistung sein, keine fromme Arbeit, die Gott vermeintlich gefällt, sondern es soll von Herzen kommen, als stilles Gebet oder eben auch durch den Mund, das hörbar ist, auch in der Gemeinschaft der Betenden.

Die Heiligung des Namens Gottes ist das Anliegen der ersten Bitte in der zweiten Strophe. Die richtige Heiligung des Namens geschieht nur da, wo Gottes Wort richtig laut wird. Gott wird darum gebeten, dass sein Wort „bei uns" rein erhalten bleibe. Wenn in der frühen Reformationszeit davon die Rede ist, dass das Wort Gottes „lauter und rein" gepredigt werde oder werden solle, dann lässt diese Formulierung immer auf evangelische Predigt und Lehre schließen. In Artikel 7 des Augsburgischen Bekenntnisses ist davon die Rede, Kirche sei da, wo „das Evangelium rein gepredigt und die Sakramente laut dem Evangelium gereicht werden". Die Bitte um die Reinheit des Wortes Gottes, die etwa auch in dem Lied *Erhalt uns, Herr, bei deinem Wort* (**30**) zum Ausdruck kommt, meint immer die Orientierung an der Heiligen Schrift, ohne menschliche Zusätze. Sie formuliert damit auf ihre Weise den reformatorischen Grundsatz „sola scriptura" – allein die (Heilige) Schrift. Das richtige Hören des Wortes hat das „heilige Leben" zur Folge. Darum braucht es die „rechte Lehre", die das Wort Gottes unverfälscht zur Geltung kommen lässt.

Das Kommen des Reiches Gottes „zu dieser zeit", also in der Welt wird verbunden mit der Aussicht auf die Ewigkeit. Damit es kommen kann, muss der Heilige Geist mit seinen vielfältigen Gaben (vgl. Jes 11,2 f., die vierte Strophe von

Komm, Gott, Schöpfer Heiliger Geist (**10**) und die dritte Strophe des Credo-Liedes [**16**]) in den Menschen wirken. Gott soll den Zorn, eine der sieben Todsünden, des Teufels und die daraus entstehende Macht und Gewalt zerbrechen – der Terminus erinnert an die Rede der Psalmen – und seine Kirche erhalten. „Erhalten" kommt in Luthers Liedern wiederholt vor – es ist die gnädige Bewahrung Gottes, um die die Beter hier bitten. Das Reich Gottes wird durch die Verbindung mit dem Heiligen Geist besonders auf das geistliche Regiment eingestellt, in Unterscheidung zu der folgenden Strophe, die sich auf das weltliche Regiment (nach Gottes Willen) und das leibliche Leben bezieht.

Gottes Wille soll im Himmel und auf Erden geschehen. Unter diesem Vorsatz sind die nachfolgenden Bitten zu verstehen, um Geduld in Zeiten des Leidens und des Leides, um Gehorsam gegenüber Gott in allen Lebenslagen. Geduld heißt: das Leid auszuhalten. Gehorsam meint, um den Grund der Geduld, die Möglichkeit der Geduld zu wissen. Mit Geduld ist daher keine stoische Haltung gemeint, sondern das Annehmen dessen, was Gott dem Menschen beschieden hat. Und da es immer auch Menschen und Verhältnisse gibt, die dem göttlichen Willen entgegenstehen, wird Gott darum gebeten, diesen Menschen und Mächten Einhalt zu gebieten.

Die Brotbitte in der fünften Strophe wird, wie im Kleinen Katechismus, erweitert um die Bitte um alles für das leibliche Leben Notwendige. Unfriede im Kleinen und Großen sollen nicht sein – die Kriegsgefahr mit dem Osmanischen Reich war seit 1529 präsenter als zuvor, die konfessionellen Bündnisse standen sich gegenüber, und Streit und Zwist innerhalb der Familie, der Gemeinde und des Gemeinwesens bedrohten oder beeinträchtigten wie seit Menschengedenken das Zusammenleben. Seuchen kamen immer wieder vor – die Pest

hatte 1527 und auch später immer wieder in Wittenberg ge-
wütet, die Universität musste nach Jena verlegt werden. Die
Kindersterblichkeit war hoch, und die Sorge um Teuerung,
also Inflation und Anstieg der Preise, insbesondere der Le-
bensmittel, versetzte die Menschen in Unruhe. Dagegen steht
der Wunsch, in Frieden und ohne Sorgen und Missgunst zu
leben – auch der Geiz gehört zu den sieben Todsünden als das
Gegenteil von Mildtätigkeit und Freigiebigkeit, die ein gelingendes Leben in Gemeinschaft fördern, ja, manchmal allererst ermöglichen.

Die Vergebungsbitte richtet sich auf den Nachlass von aller Schuld, die die Menschen nicht mehr belasten soll. Es geht
also um soziales Leben als Bezugspunkt. Wie Gott uns vergibt,
sollen wir auch unseren Schuldnern ihre Schuld und Verfehlungen gern vergeben. Aber damit nicht genug – Gott soll die
Menschen bereit machen zum Dienst in Liebe und Einigkeit.
Hier geht es um die Umkehrung der Verhältnisse: Nicht auf-
rechnen, sondern dienen, nicht die Auseinandersetzung suchen, sondern die Einigkeit. Sie lässt sowohl das individuelle
wie das Leben in der jeweiligen Gemeinschaft gelingen.

Gott soll die Menschen nicht in Versuchung führen. Hier
also geht es nun um inneres Leben als Bezugspunkt. Das geschieht, wenn ein ungöttlicher Geist die Menschen in Anfechtung bringt – zur Selbstüberschätzung oder zur Verzweiflung
an sich selbst. Nach zeitgenössischer Auffassung waren es
„praesumptio" und „desperatio"[3], die Vermessenheit in der Er-

---

3) Friedrich Ohly, Desperatio und Praesumptio. Zur theologischen Ver-
    zweiflung und Vermessenheit, in: Helmut Birkhan (Hrsg.), Festgabe für
    Otto Höfler zum 75. Geburtstag, Wien 1976 (Philologica Germanica 3),
    499–556; wieder in: Friedrich Ohly, Ausgewählte und neue Schriften zur
    Literaturgeschichte und zur Bedeutungsforschung. Hrsg. von Uwe
    Ruberg, Stuttgart/Leipzig 1995, 177–216.

wartung auf Gottes Vergebung einerseits und die Verzweiflung an Gottes Gnade andererseits, die die Menschen von einem mittleren Weg wegführten. Gegen dieses Abgezogenwerden muss der Mensch Widerstand leisten, heftigen, und zwar nach allen Seiten, geistlich und leiblich, und dabei soll ihm Gott beistehen, durch die Stärkung des Glaubens und den Trost des Heiligen Geistes, der der Tröster genannt wird.

Die Bitte um Erlösung von dem Bösen bezieht sich, wie die Bitte um das Kommen des Reiches, auf Zeit und Ewigkeit. Die Zeiten sind böse, lautet die Diagnose. Dabei ist zu bedenken, dass Luther und seine Zeitgenossen sich in „letzten Zeiten" wähnten, also am Ende der Geschichte. Deren Ende würde bald kommen, berechnen könne oder solle man es aber nicht, wie man insbesondere an Luthers Auseinandersetzung mit dem Mathematiker Michael Stifel (um 1487–1567) studieren kann, der den letzten Tag der Welt auf den 19. Oktober 1533, 8 Uhr morgens berechnet hatte. Als er und seine Anhänger an die Elbe gingen, trat der Untergang der Welt doch nicht ein. Luther hatte Stifel schon im Juni in einem Brief geschrieben, er fürchte, Satan könne ihn in die Irre führen.[4]

Aber nicht nur von den schlechten Zeiten, sondern auch von der ewigen Gottesferne möge Gott die Beter behüten und sie an ihrem letzten Ende, in ihrem Sterben, trösten und ihnen einen sanften Tod gewähren. Die Bitte „nim vnser seel in deine hend" entspricht mittelalterlichen und zeitgenössischen Darstellungen, in denen die Seelen der Verstorbenen von Engeln in den Himmel getragen und zu Gott geführt werden. Daher kann man die Bitte um das selige Ende auch von allen Spekulationen um das Weltende unterscheiden.

---

4) WA Briefwechsel 6, 495 f. Nr. 2031.

Amen. Das ist die Bekräftigung, die bedeutet: So soll es werden. Daraus folgt insbesondere die Bitte um die Stärkung des Glaubens im Sinne eines unerschütterlichen Vertrauens, der auch und gerade in Sterben und Tod nicht verloren geht. Denn der Zweifel könnte womöglich in die Verzweiflung führen, um deren Abwendung in der Strophe zuvor gebeten war. Beter sollen nicht nur nicht zweifeln, sondern fest darauf bauen, dass das, worum sie gebeten haben, von Gott erhört wird und in Erfüllung geht. Und da Gott sie geheißen hat zu beten, sprechen sie in seinem Namen und auf sein Gebot hin das Amen richtig. Amen ist insofern die genaue Entsprechung zu: „vnd wilt das beten von vns han". Wer „Vater" sagt, glaubt, weil er in dieser Rede Gottes Wort selbst entspricht.

Luther hat mit seinem Vaterunserlied eine großartige Auslegung des Herrengebetes gedichtet, die in vielfältiger Weise mit seinen Katechismen, aber auch mit Predigten und Liedern verbunden ist – wie es in einer Tischrede zusammengefasst ist: „Oratio dominica, das Vater vnser, est oratio orationum, ein gebet vber alle gebet, das aller hochste gebet, welches der allerhöchste meister gelehret vnd darinnen alle leibliche nodt begrieffen vnd der trefflichste trost ist in allen anfechtungen, trübsaln vnd in der letzten stundte."[5]

---

5) WA Tischreden 5, 582,1–4 Nr. 6288.

18 Christ, unser Herr, zum Jordan kam

Der Reihenfolge des Katechismus entsprechend folgt im Babstschen Gesangbuch nun Luthers Tauflied *Christ, unser Herr, zum Jordan kam.* Die Überschrift lautet: „Ein geistlich lied / Von vnser heiligen Tauffe / Darin fein kurtz gefasset / Was sie sey? Wer sie gestifftet habe? Was sie nŭtze etc. D. Mart. Luther."

Das Lied gehört zu den späteren Dichtungen Luthers. Es ist um 1541 entstanden und wurde, wie zahlreiche andere Lieder, zuerst in einem Einblattdruck veröffentlicht, der, wie ebenfalls zahlreiche andere, verloren ist. Nach diesem begegnet es in einem Regensburger Gesangbuch [nach 1541] und dann in den Gesangbüchern Joseph Klugs von 1543 (verloren) und 1544. In diesen wird es seiner Stellung nach zu den Katechismusliedern gerechnet, und diese Einordnung nimmt dann auch das Babstsche Gesangbuch vor. Für die Entstehungsgeschichte von Bedeutung und thematisch verwandt sind zwei Predigten, die Luther am 1. und 2. April 1540 in Dessau anlässlich der Taufe Bernhards (VII.) von Anhalt (17. März 1540 - 1. März 1570) hielt und die auch im Druck erschienen.[1]

Um die zentrale vierte Strophe, die die Taufe als das Werk des dreieinigen Gottes propagiert, finden sich die Strophen 1–3 als Bericht der Taufe Jesu durch Johannes den Täufer und die Strophen 5–7 mit der Sendung der Jünger und der Unterweisung über Frucht und Nutzen der Taufe und der Verkündigung des Kreuzestodes Christi als des Heils gegen die Sünden der Menschen von Adam bis in die Gegenwart.

---

1)   WA 49, (XXI f.) 111–135.

Biblische Grundlage für die ersten Strophen sind die Berichte von Jesu Taufe in Mk 1, 9–11 / Mt 3, 13–17 und Luk 3,21 f. (anders Joh 1, 29–34). Jesu Taufe ist zugleich ein Akt, in dem er den Menschen eine Stiftung macht: Das Bad der Taufe dient ihrer Reinigung von Sünden und der Erlösung vom Tod, dessen Macht durch „erseuffen" gebrochen wird. Im Blutopfer Jesu am Kreuz liegt das neue Leben begründet.

Der katechetische Charakter des Liedes wird durch den Eingang der zweiten Strophe unterstrichen: „So hŏrt vnd mercket alle wol / Was Gott heisst selbs die Tauffe", auf den die Erläuterung der Bedeutung der Taufe folgt. Das soll ein Christ glauben und (damit) den Ketzerhaufen, also abweichende Lehre und ihre Anhänger, meiden. Gemeint sind hier sowohl die Täufer als auch diejenigen, die die Heilsbedeutung der Taufe leugnen. Im *Kleinen Katechismus* lautet Luthers Antwort auf die Frage, was die Taufe sei: „Die Tauffe ist nicht allein schlecht [einfach nur] wasser / Sondern / sie ist das wasser ynn Gottes gebot gefasset / vnd mit Gottes wort verbunden"[2] – eine Erklärung, die sich im Lied fast wörtlich wiederfindet.

In der dritten Strophe wird die Rede Gottvaters aus dem Taufbericht aufgenommen und mit dessen Wort aus der Geschichte von Jesu Verklärung Mt 17,5 verbunden: „den sollt ihr hören und seinen Lehren folgen" – eine Vorwegnahme des Taufbefehls aus Mk 16 / Mt 28, der in der fünften Strophe thematisiert wird.

Die vierte Strophe zeigt Jesus, „Gottes Son", „in seiner zarten menscheit". Nachdem der Vater gesprochen und Jesus als seinen lieben Sohn benannt hat, fährt nun der Geist in Gestalt

---

2) DDStA 1, 590,21 f.

einer Taube nieder. Die Taufe ist, daran sollen die Menschen nicht zweifeln, ein Werk des dreieinigen Gottes, der in die Welt gekommen ist, um bei den Menschen Wohnung zu nehmen.

In der fünften Strophe wird der „Taufbefehl" aus Mk 16 / Mt 28 aufgenommen, die Aussendung der Jünger. Sie sollen die Welt zur Erkenntnis ihrer Sünde und zur Buße bringen. Wer glaubt und getauft ist, hat ein neues Leben, er wird leben und das Himmelreich ererben. Mit der Taufe ist, über die menschliche Lebenszeit auf Erden, die Verheißung des ewigen Lebens verbunden. Oder, mit den Worten des Katechismus: „Was gibt odder nützet die Tauffe? Antwort. Sie wirckt vergebung der sünden / erlöset vom tod vnd teuffel / vnd gibet die ewigen selickeit / allen die es gleuben / wie die wort vnd verheissung Gottes / lauten"[3].

Zwischen Nummer 18 *Christ, unser Herr, zum Jordan kam* und Nummer 20 *Jesus Christus, unser Heiland, der von uns den Gotteszorn wandt* steht als Nummer 19 *Ich dank dem Herrn von ganzem Herzen*, ohne den Namen Luthers. In der Tat handelt es sich nicht um ein Lied des Reformators; der Verfasser ist unbekannt. Aber es passt thematisch an diese Stelle, es ist ebenfalls ein Abendmahlslied, und so steht es nach dem Tauflied und vor den beiden folgenden „echten" Liedern zum Abendmahl.

---

3) DDStA 1, 590,28–31.

20 Jesus Christus, unser Heiland,
der von uns den Gotteszorn wandt

Nach Luthers Tauflied folgt im Babstschen Gesangbuch zunächst ein Abendmahlslied, das nicht von Luther stammt: „XIX. Der CXI. Psalm / den man singen mag /wenn man das hochwirdige Sacrament reicht." (Bl. F 6ʳ). Auf der Rückseite findet sich ein Holzschnitt mit der Austeilung des Abendmahls unter beiderlei Gestalt; an den Wänden über dem Altar sind das letzte Abendmahl Jesu und die Kreuzigung dargestellt. Die Überschrift lautet: „So offt jr von diesem Brod esset / vnd von disem Kelch trincket / solt jr des HERRN tod verkündigen / bis das er kompt / j. Cor. xj. [26] – ein Text, auf den in dem folgenden Lied Luthers rekurriert wird. Danach werden die Lieder Luthers fortgesetzt, und wie üblich mit seinem Namen: „XX S. Joannes Hussen lied / gebessert. D. Mart. Luther."

Das Lied ist 1524 geschrieben und im selben Jahr veröffentlicht worden, und zwar sowohl in einem Einblattdruck als auch in den beiden Erfurter Enchiridien. Luther stellt sich, wie die Überschrift bezeugt, in die Tradition des böhmischen Reformators und formuliert dessen Text neu. Seine Vorlage stammt indes wohl nicht von Jan Hus (um 1370–1415), dem er sie zuschrieb, sondern wahrscheinlich von dem Prager Erzbischof Johann von Jenstein (1347/48/50–1400), in dessen umfangreichem literarischem Werk sich auch zahlreiche religiöse Dichtungen finden. Ein Hymnus auf die Eucharistie enthält ein Akrostichon, dessen Buchstaben den Verfassernamen „JOHANNES" ergeben.

Iesus Christus, nostra salus,
Quod reclamat omnis malus,
Nobis sui memoriam
Dedit in carnis hostiam.

Non augetur consecratus
Nec consumptus fit mutatus
Nec divisus in fractura,
Plenus Deus in statura.

O quam sanctus panis iste!
Tu solus es, Iesu Christe,
Caro, cibus, sacramentum,
Quo nunquam maius inventum.

Esca digna angelorum,
Pietatis lux sanctorum,
Lex moderna adprobavit,
Quod antiqua prophetavit.

Hoc donum suavitatis
Caritasque deitatis,
Virtus et eucharistia,
Communionis gloria.

Salutare medicamen,
Peccatorum revelamen,
Pasce nos, a malis leva,
Duc post, ubi lux est aeva.

Ave, pietatis forma,
Dei unionis norma,
In te quisque delectatur,
Qui te fide speculatur.

[O quam magna tu fecisti
qui te Christe impressisti
vini et panis specie
apparentum in facie.

Non es panis, sed es Deus –
Homo, liberator meus,
Ut in cruce pependisti
Et in carne defecisti.

Caro cibus, sanguis vinum,
est mysterium divinum
Tibi sit laus et gloria
in saeculorum saecula.][1]

Etliche Stellen des Textes sind (nur) auf dem Hintergrund biblischer Worte zu verstehen; so etwa Strophe 4 von Mt 9,12 und Mt 11,28 und Strophe 7 von Röm 10,9 her.

Nach Luthers *Deutscher Messe* (1526)[2] und der Wittenberger Kirchenordnung von 1533[3] sollte das Lied bei der Austei-

---

1) Zit. nach Analecta Hymnica 50, 453, dort Johannes Hus zugeschrieben; die letzten beiden Strophen nach WA 35, 142 f.

2) WA 19, 99,8–10.

3) Die evangelischen Kirchenordnungen des XVI. Jahrhunderts. Hrsg. von Emil Sehling. I 1, Leipzig 1902, 704.

lung des Abendmahls gesungen werden, zusammen oder im Wechsel mit *Jesaja, dem Propheten, das geschah* (**29**) und *Gott sei gelobet und gebenedeiet* (**21**).

Auch in der Wittenberger Figuralmusik war der Hymnus präsent: In seinem Sammelwerk *Sacrorum hymnorum liber primus* veröffentlichte Georg Rhau 1542 drei Sätze über den Hymnus, von Thomas Stoltzer (um 1475–1526), Heinrich Finck (1444 oder 1445–1527) und einem Anonymus.[4]

Im Unterschied zu dem lateinischen Hymnus hat Luther das Lied „gebessert". Alle Stellen, die sich im Sinne einer Wandlung der Elemente in Leib und Blut Christi, als poetische Formulierungen der Transsubstantiationslehre, also der substantiellen Wandlung von Brot und Wein in Leib und Blut Christi, verstehen lassen, hat er getilgt. Den Zusammenhang von Christi Leiden und Sterben mit dem Abendmahl aber behält er bei – das Sakrament des Altars ist in der Tat eine heilsame Frucht des Leidens Christi für die sündigen Menschen. Auf den würdigen Empfang des Sakraments ihrerseits kommt es an. Denn das Abendmahl ist „ein speise ... den krancken", es will eben diesen Schwachen, den Sündern helfen, und wer dem Wort glaubt und Christus bekennt, tut recht daran. Aber das Abendmahl soll nicht ohne Wirkung bleiben: Wie Gott am Menschen gehandelt hat, so soll dieser auch an seinen Nächsten tun – der von Christus Beschenkte soll seinem Nächsten zum Christus werden. Das wäre die rechte Realisation der im Abendmahl geschenkten christli-

---

4) Georg Rhau, SACRORVM HYMNORVM LIBER PRIMVS ... Wittenberg 1542 (VD 16 S 1237; online). Edition: Georg Rhau, Sacrorum Hymnorum Liber Primus. Erster Teil: Proprium de Tempore. Hrsg. von Rudolf Gerber, Leipzig 1942–43 (Das Erbe deutscher Musik ... I 21. 25), 96–98 bzw. 89 f.

chen Freiheit, so wie sie am Ende der Schrift *Von der Freiheit
eines Christenmenschen* beschrieben wird: „Ausz dem allenn
folget der beschlusz / das eyn Christen mensch lebt nit ynn
yhm selb / sondern in Christo vnd seynem nehstenn / ynn
Christo durch den glauben / ym nehsten / durch die liebe /
durch den glauben feret er vber sich yn gott / ausz gott feret
er widder vnter sich durch die liebe / vnd bleybt doch ymmer
ynn gott vnd gottlicher liebe ... Sihe das ist / die rechte / geystliche / Christliche freyheyt / die das hertz frey macht / von allen sunden / gesetzen / vnd gepotten / wilch alle andere freyheyt vbirtrifft / wie der hymell die erdenn"[5].

---

5) DDStA 1, 314, 29–34.36–38.

21 Gott sei gelobet und gebenedeiet

Gott sei gelobet und gebenedeiet schließt die Reihe der Abendmahlslieder im Babstschen Gesangbuch ab. Es folgen zwei Gebete[1] und ein Holzschnitt, der einen König im Gebet zeigt – er stellt David dar, wie die Verse der Überschrift aus Ps 143,1 und 2 erweisen.

Das Lied ist 1524 entstanden, vielleicht um Pfingsten; gedruckt wurde es im selben Jahr in den beiden Erfurter Enchiridien und dem Wittenberger Gesangbuch. Für das Verständnis vorausgesetzt wird die Abendmahlsperikope 1Kor 11,23–34. Die erste Strophe geht auf eine mittelalterliche Leise zurück, die in verschiedenen Fassungen überliefert ist. Diese wiederum wurde von den Laien zu der Fronleichnamssequenz *Lauda Sion salvatorem* des Thomas von Aquin (1225–1274), die dieser für das 1264 zuerst gefeierte Fest gedichtet hatte, gesungen.

Luthers Vorlage könnte ungefähr folgenden Wortlaut gehabt haben:

> „God siy gelobbet und gebenedyet
> der uns alle hait gespysset
> mydt synem fleysch, undt synem blude,
> das gibbe unß lieber herre got zu gude
> das heylge sacramente
> an unßerm lesten ende
> uß des gewyten priesters hende.
> Kyrie eleyson.

---

1) Das erste ist die deutsche Fassung der Oration für den Fronleichnamstag (vgl. Geistliches Wunderhorn, 81 und Anm. 11).

O herre dorc dynen heilgen fronlychnam,

der von dyner mutter marien quam,

und das heilige bludt

nu hilff unß herre uß aller unßir noydt.

Kyrie eleyson."[2]

Luther erwähnt sein Lied in der *Formula Missae et Communionis*[3] und in der *Deutschen Messe*[4] als Gesang nach dem Kommunionempfang und noch einmal 1533[5]; von einem geweihten Priester (s. o.) wollte er freilich nichts wissen.

Auch dieses Lied besingt das Opfer Jesu Christi als Rettung der Menschen aus ihrer Not und Schuld. Christus stirbt für uns, damit wir leben können – das ist das größte vorstellbare Geschenk für die Menschen. Auf diesem Grund können und sollen die Menschen ihre Wege gehen, in Liebe und Treue, in Frieden und Einigkeit. Um diese soll freilich gebeten werden, denn sie sind nicht Werke der Menschen selbst, sondern Gaben des Heiligen Geistes.

---

2) Text nach: Geistliches Wunderhorn, 78.

3) WA 12, 218, 23 f.

4) WA 19, 99,5–10.

5) WA 38, 245,13–246,2.

22 Ach Gott, vom Himmel sieh darein

Das Lied leitet im Babstschen Gesangbuch einen neuen Abschnitt ein: „Folgen nu etliche Psalm / zu geistlichen liedern / deutsch gemacht / Durch D. Martinum Luther" (Bl. G 6ᵛ).

Dieses Lied gehört zu den frühen Psalmliedern, die Luther um die Jahreswende 1523/24 schrieb und die alsbald in Einblatt- und Sammeldrucken veröffentlicht wurden. Zuerst wurde es mit den beiden Psalmliedern *Es spricht der Unweisen Mund wohl* (**23**) und *Aus tiefer Not* (**28**) in einem Liedblatt gedruckt, das die Vorlage für den Achtliederdruck des Nürnberger Druckers Jobst Gutknecht bildete. Es erschien dann auch 1524 in den Erfurter Enchiridien sowie in Walters Wittenberger Gesangbuch. 1525 brachte der Rostocker Reformator Joachim Slüter (um 1490–1532) das erste niederdeutsche Gesangbuch heraus, in dem sich eine Übersetzung des Liedes in diese Sprache findet. Der Text ist in diesem Buch mit zahlreichen Bibelstellen am Rande versehen – eine Auslegungsleistung des Herausgebers.

In Braunschweig und Lübeck wurde das Lied, wie die dortigen Überlieferungen bezeugen, als Kampfgesang gegen „papistische Prediger" eingesetzt. Und eine Generation später nahm der Bautzener Domdechant Johann Leisentrit (1527–1586) in seinem Gesangbuch *Geistliche Lieder vnd Psalmen / der alten Apostolischer recht vnd warglaubiger Christlicher Kirchen ...* (Bautzen 1567; VD 16 L 1061) eine Erweiterung vor: Da gibt es unter dem Titel „Von heiliger Christlicher kirchen der 11. Psalm Saluum me fac ..." eine elfstrophige Fassung des Liedes (Bl. [CCLXX]ᵛ – CCLXXIIʳ).

Es handelt sich um eine Umdichtung Luthers von Psalm 12. In der ersten Strophe wird Gott um Erbarmen gebeten: Die Gläubigen werden weniger, sein Wort ist angefochten, der Glaube ist bei allen (!) Menschen erloschen. Wort und Glaube werden hier, wie oft, zusammen gesehen: Wo das Wort nicht wirken und zur Geltung kommen kann, da schwindet der Glaube. Deshalb ist es immer wieder nötig, das Wort zu hören, es unverfälscht zu halten und den Menschen „lauter und rein" zu predigen, damit Glaube entstehen kann.

Dem Wort Gottes und seiner rechten Predigt stehen diejenigen entgegen, die ihre eigene, nicht auf Gottes Wort gegründete Lehre vertreten: lauter falsches, dummes Zeug, das sie sich selbst ausgedacht haben. Gott soll daher alle falsche Lehre bekämpfen und sich seiner „armen" erbarmen.

In den Auseinandersetzungen der frühen Reformation wendet sich das Lied gegen alle nach Luthers Ansicht falschen Auslegungen des Wortes Gottes, sei es von traditioneller, sei es von „schwärmerischer" Seite. Das Thema wird später, nach den Erfahrungen der Auseinandersetzungen seit den Anfängen der Reformation, in *Erhalt uns, Herr, bei deinem Wort* (**30**) noch einmal begegnen.

23 Es spricht der Unweisen Mund wohl

Auch dieses Lied gehört zu den frühen Psalmliedern, die um die Jahreswende 1523/24 entstanden und alsbald in Einblatt- und Sammeldrucken veröffentlicht wurden, zuerst mit den beiden anderen Psalmliedern *Ach Gott, vom Himmel sieh darein* und *Aus tiefer Not* auf einem Liedblatt, das die Vorlage für den Achtliederdruck des Nürnberger Druckers Jobst Gutknecht bildete. Es erschien auch 1524 in den Erfurter Enchiridien sowie in Walters Wittenberger Gesangbuch. Außerhalb des Gottesdienstes sollte das Lied, wie eine entsprechende Anweisung lautet, während der Aufführung der Parabel vom verlorenen Sohn (*De parabell vam vorlorn Szohn* ... Königsberg 1527; VD 16 W 840) des Dichters Burkard Waldis (um 1490–1556) in einem fünfstimmigen Satz gesungen werden.

Vorlage für das Lied ist Psalm 14. Eine erste Übersetzung Luthers erschien im selben Jahr 1524. Luther folgt in der Abfassung des Liedes dem Psalm Vers für Vers. Die Toren nehmen Gott für sich in Anspruch und widersprechen ihm doch in Lehre und Leben. Unglaube und Einbildung prägen ihre Gesinnung und ihr Handeln, sie verlassen sich eher auf sich selbst als auf Gott und finden deshalb keine Ruhe. Gott aber wird bei den Frommen bleiben, das heißt bei denen, die ihre Zuversicht auf ihn setzen und sich auf ihn verlassen. Die letzte Strophe endet mit der Verheißung, dass Gott sich seines Volkes erbarmen und die Gefangenen erlösen wird – ein Anklang an Ps 126,1. Am Ende aber erklärt Luther, abweichend vom Wortlaut des Psalms, wie Gott erlösen wird: „Das wird er thun durch seinen Son", und daran werden Jakob und Israel ihre Freude haben.

Mit dieser Zuspitzung auf Jesus Christus liest Luther den Psalm auf die Erlösung in ihm und durch ihn hin. Das neue Israel, die christliche Kirche in Gestalt der in diesen Zeiten gefährdeten und angefochtenen Gemeinde, kann und soll sich über Gottes Erbarmen freuen.

24 Ein feste Burg ist unser Gott

Luthers berühmtestes, wahrscheinlich in die meisten Sprachen übersetztes, in der ganzen Welt gesungenes, seit dem 19. Jahrhundert als protestantisches Kampflied gebrauchtes und für propagandistische Zwecke vielfach in Anspruch genommenes[1], immer wieder ausgelegtes und gepredigtes Lied ist: ein Psalmlied, nach Psalm 46. Als solches ist es auch unter die Psalmlieder im Babstschen Gesangbuch eingereiht.

Entstanden ist es weder auf dem Reichstag in Worms 1521 noch auf der Wartburg und erst recht nicht am 31. Oktober 1517, sondern wohl in den Jahren 1527/28, also später als die ersten Psalmlieder; im folgenden Jahr 1529 wurde es zuerst in dem (verlorenen) Wittenberger Gesangbuch und dann 1533 in dessen zweiter Ausgabe gedruckt.

Luther hat den 46. Psalm in seinen *Summarien vber die Psalmen / Vnd vrsachen des dolmetschens*, die er 1530 auf der Veste Coburg erarbeitet hatte und die 1531 in Wittenberg im Druck erschienen[2], wie folgt eingeordnet:

„Der xlvj. Psalm. Ist ein Danckpsalm / zu der Zeit vom volck Israel gesungen / fur die wunderthatten Gottes / das er die Stad Jerusalem / da seine wonung war / schützet vnd bewaret / widder alle Könige vnd heiden wüten vnd toben / vnd frieden erhielt widder alle kriege vnd woffen. Vnd nennet / nach der schrift weise das wesen [Gemeinwesen] der Stad ein

---

1) Vgl. nur Michael Fischer, Religion, Nation, Krieg. Der Lutherchoral Ein feste Burg ist unser Gott zwischen Befreiungskriegen und Erstem Weltkrieg, Münster New York 2014 (Populäre Kultur und Musik 11).

2) VD 16 L 6702. – Text: WA 38, (1) 8–69.

brünlin / als ein kleins wesserlin / das nicht versiegen sol / gegen die grossen wasser / seen vnd meer der heiden / das ist / grosse königreiche / fürstenthüm vnd hirschafften / die versiegen vnd vergehen musten.

Wir aber singen jn [ihn] Gott zu lobe / das er bey vns ist / vnd sein wort vnd die Christenheit wunderbarlich erhelt / widder die hellischen pforten / widder das wüten aller Teuffel / der Rottengeister / der welt / des fleisches / der sunden / des todes etc. Das unser brünlin auch bleibt eine lebendige quelle / da jhener sümpffe / tümpffel vnd kolke [Wasserlöcher] / faul vnd stinckend werden / vnd versiegen mussen."[3]

„Wir aber singen jn" könnte 1530 bedeuten, dass er an sein eigenes Lied *Ein feste Burg* dachte und nicht nur das Beten von Psalm 46 damit meinte. Damit versteht er das Lied in der Tat als Kampflied gegen die Gegner des Evangeliums, die außerirdischen und die irdischen Mächte, die Bestreiter der wahren Lehre und die inneren Widerstände des Menschen: Fleisch, Sünde und Tod. Die Bitte richtet sich darauf, dass, wenn alle anderen unreinen Quellen versiegt sein werden, das reine Evangelium eine lebendige Quelle bleibt.

In den Strophen des Liedes selbst wird Gott als ein Retter und Helfer in aller Not besungen, der dem hilflosen Menschen zu Hilfe kommt. Die rhetorische Frage: „Fragstu wer der ist?" wird mit der zuversichtlichen Antwort versehen: „er heisst Jhesus Christ / der HERR Zebaoth", also der Herr der Heerscharen, neben dem es keinen anderen Gott gibt, und deshalb wird er den Sieg davon tragen. Solche Glaubensgewissheit lässt den Menschen auch den Teufel nicht schrecken, denn seine Macht ist schon gebrochen. Was immer geschieht

---

3) Ebd. Bl. D 5ᵛ-6ʳ; vgl. WA 38, 35,7-19.

im Leben und in der Welt – am Ende wird Gott in Jesus Christus seine Macht durchsetzen, mit den Worten der *Summa-*
rien, „eine lebendige quelle" bleiben.

So haben die Zeitgenossen das Lied als Trostlied verstanden, und so ist es auch am ehesten zu verstehen: als ein Lied
zur Stärkung des Glaubens angesichts aller Widrigkeiten, Ge-
fährdungen und Bedrohungen des Lebens und dieser Welt.

25 Es wolle Gott uns gnädig sein

Dieses Lied ist wahrscheinlich das erste Psalmlied, das Luther überhaupt gedichtet hat, womöglich, ja, wahrscheinlich noch vor seinem Brief an Georg Spalatin um die Jahreswende 1523/ 1524[1] und jedenfalls vor dem 18. Januar 1524. Es wurde nämlich in mindestens zwei Ausgaben Paul Speratus' Übersetzung von Luthers *Formula missae et communionis*, der Schrift *Eine Weise christlich Mess zu halten* (Wittenberg 1524)[2] als Schlusslied für den Gottesdienst gedruckt. Im selben Jahr 1524 wurde es zudem in den Erfurter Enchiridien und in einem Einblattdruck verbreitet, und zwar dort mit einer Melodie, die teilweise auf das vorreformatorische Marienlied *Maria du pist der genaden vol* zurückgeht. Das Liedblatt trägt die Überschrift „Der Lxvj. Deus Misereatur". Gezählt wird der Psalm also nach dem Text der Vulgata, dessen Anfangsworte die Überschrift bilden. In diesem Fall wies sich der Drucker – anders als in vielen anderen Schriften der frühen Reformationszeit – sogar mit Ort und Namen aus: „Gedruck[t z]u Maydeburgk durch Hans Knappe den jungen M D XXiiij." Nachdrucke erfolgten bald, etwa in einem Zwickauer Gesangbuch von 1525[3], und darüber hinaus bis hin zum Babstschen Gesangbuch.

---

1) Vgl. oben S. 97 f.

2) VD 16 L 4239: Eyn weyse Christlich Mess zu halten vnd zum tisch Gottis zu gehen (L 4739), Bl. E iij^r, VD 16 L 4740: Eyn weyse Christlich Mess zu halten vnd zum tisch Gottis zugehen, Bl. D viiij [recte: D v]^r ; in VD 16 L 4738: Eyn weyse Christlich Mess zu halten vnd zum tisch Gottes zu gehen, nicht enthalten

3) VD 16 G 1667 und 1668.

Zu den Glücksfällen der Überlieferung gehört, dass die Verbreitung dieses Blattes in der zeitgenössischen Chronistik dokumentiert ist. In einer Magdeburger Chronik ist nämlich davon die Rede, dass „ein alter armer Mann", und zwar ein Tuchmacher, bei einem Denkmal für Kaiser Otto den Großen Liedzettel verkauft habe, und zwar *Aus tiefer Not schrei ich zu dir* und *Es wolle Gott uns gnädig sein* und diese Lieder auch den Leuten vorgesungen habe. Er wurde daraufhin ins Gefängnis gesetzt und nach einem machtvollen Bürgerbegehren sehr bald wieder freigelassen. Die Magdeburger Verwendung des Liedes und ein Verbot aus dem Jahr 1529, das Lied weder in der Kirche noch in den Häusern zu singen, beweist, dass das Lied seinen Sitz im Leben auch außerhalb des Gottesdienstes hatte.

Psalm 67 (Vulgata 66) gehörte zu denjenigen Psalmen, die in den monastischen Stundengebeten, in den Laudes, also den Morgengottesdiensten, täglich gebetet wurden. Er dürfte Luther daher aus seiner Klosterzeit besonders vertraut gewesen sein. In einer gleichzeitigen zweisprachigen Psalterausgabe aus Metz ist die Verwendung von Psalm 67 für „Mitwoch zu metten"[4] vorgesehen.

Den Psalm 67 (66) hatte Luther bereits in seiner ersten Vorlesung über die Psalmen (1513–1515) ausgelegt. Luther legt ihn, wie den Psalter insgesamt, dort auf Christus hin aus.[5] In dem von ihm veranstalteten Psalterdruck von 1513 trägt er die Überschrift „PETICIO PROPHETICA ADVENTVS Christi. et manifestandi euangelii per totum mundum"[6] – Propheti-

---

4) Psalterium cum apparatu vulgari firmiter oppresso, Metz 1513 (VD 16 XL 3), Fol. XLVIII[r–v].

5) WA 55 I, 472–475.

sche Bitte um die Ankunft Christi und die Bezeugung des Evangeliums in aller Welt. Nicht nur „Iudea", also die Judenheit, sondern die Heiden, alle Völker, sollen ihn, Christus, kennenlernen und sich auf ihn ausrichten. Denn das im Psalter verheißene Heil ist eben in Christus erschienen, was, so Luther, die Juden „bis auf den heutigen Tag" leugneten.

Die Segensformel am Schluss des Psalms wird schon in der Vorlesung auf den dreieinigen Gott hin ausgelegt: Es segne uns Gott der Vater, unser Gott, der Sohn, der durch die Annahme und Gemeinschaft im Fleisch unser geworden ist, es segne uns Gott der Heilige Geist, und es sollen ihn fürchten in kindlicher Furcht alle Enden der Erde, das heißt, die Juden und die Heiden/Völker. 1522 nahm Luther den Psalm auch in sein *Betbüchlein* auf, dort mit der Überschrift: „Der lxvj. psalm zu beten vmb zunemen des Glaubens"[7].

Das war der erkennbare Stand von Luthers Beschäftigung mit dem Text vor der Abfassung des Liedes. Dieses formuliert den Psalmtext in drei neunversige Strophen um.

In der ersten Strophe ergänzt Luther den Psalmentext: Der Anblick Gottes soll uns, die Menschen, zum ewigen Leben erleuchten, ihm also einen Vorschein des kommenden himmlischen Lebens schenken. Sie sollen seine Werke erkennen, also sehen, was Gott getan hat und immer noch tut und was ihm wohlgefällt, um seinen Willen zu erfüllen und an seinem Werk mitzuwirken. Am Ende der ersten Strophe nimmt er die Auslegung des Psalms aus der Vorlesung auf: Alle Völker sollen Gottes Heil in Jesus Christus erkennen.

---

6) Fortsetzung: „Psalmus LXVI. Tit. Ad victoriam in organis psalmus cantici". Wolfenbütteler Psalter, Folium XLIIIIr = Bl. 54ʳ / WA 55 I, 472.

7) Hier zitiert nach der Ausgabe Regensburg: Paul Kohl 1522 (VD 16 ZV 9968), Bl. K 4ʳ⁻ᵛ.

Die zweite Strophe ist eine ausführliche Umschreibung des Dankes aus dem Psalm: Alle Völker sollen Gott danken und sich an seinem Heil freuen, und zwar „mit grossem schalle", also unüberhörbar. Der Grund der Freude liegt darin, dass Gott seine Gerechtigkeit auf Erden durchsetzt und der Sünde nicht den Raum gibt, den sie geltend macht. Der Grund, aus dem sich solche Gerechtigkeit speisen kann, ist Gottes Wort. Es ist der Schutzraum und zugleich die Quelle, aus der heraus Menschen auf dem rechten Weg gehen können oder wieder auf den rechten Weg kommen. Dieses Fundament wird in zahlreichen Liedern besungen, *Erhalt uns, Herr, bei deinem Wort* (**30**) ist nur der prominenteste Ausdruck der Überzeugung, dass alles auf Gottes Wort, seine Verkündigung und seine reine Erhaltung ankommt.

In der letzten Strophe wird gesagt, wie der Dank an Gott geschehen kann und soll: in guten Taten. Gottes Wort soll auf gutem Land aufgehen – man denkt an das Gleichnis vom viererlei Acker (Mt 13,8), weil Gottes Wort auf guten Boden gefallen ist. Am Ende der Strophe wird der Segen von allen drei Personen der Trinität erbeten für die Menschen, die in Gottesfurcht leben, also ihn als den Schöpfer, Erlöser und Vollender der Welt ansehen und sich als eben diesem anvertrauen. Die Schlusswendung: „nu sprecht von hertzen /Amen", so sei es, richtet sich an alle Singenden und Hörenden. Es ist mit dem Singen und mit dem Hören allein nicht getan, auch mit dem Herzen soll man in Gottes Willen einstimmen, sein Werk loben und seinen Willen tun. Im Kleinen Katechismus und in seinem Vaterunserlied hat Luther das „Amen" ausgelegt. Im Kleinen Katechismus antwortet er auf die Frage „Amen. Was ist das?": „Das ich soll gewiss sein / solch bitte sind dem Vater ym hymel angenehme vnd [werden] erhöret / denn er selbs

vns geboten hat also [so] zu beten / vnnd verheissen / das er
vns wil erhören / Amen / Amen / das heisst / Ia / Ia / es sol also
geschehen."[8]

---

8)   DDStA 1, 590,10–15.

26 Wär Gott nicht mit uns diese Zeit

Anders als die anderen frühen Psalmlieder ist dieses Lied nicht in den Erfurter Enchiridien enthalten, aber in Johann Walters Wittenberger Gesangbuch von 1524. Seine Entstehung dürfte daher in das Frühjahr 1524 fallen – es steht also durchaus noch im Kontext dieser frühen Psalmenumdichtungen. Vorlage ist Psalm 124, den Luther in seinem Brief an Georg Spalatin um die Jahreswende 1523/24[1] (noch) nicht erwähnt. Johann Sebastian Bach machte dieses Lied 1735 zur Grundlage einer seiner Choralkantaten (BWV 14).

Neben, vielleicht schon vor Luther hatte auch Justus Jonas (1493–1555) denselben Psalm bearbeitet. Sein Lied *Wo Gott der Herr nicht bei uns hält* findet sich im Babstschen Gesangbuch unter der Nummer XL, als erstes Lied nach der Überschrift „Nu folgen andere / der vnsern lieder". Auch über dieses Lied hat Bach 1724 eine Choralkantate (BWV 178) komponiert.

Das Lied bleibt in seinem Wortlaut dicht an dem Psalm. Dieser redet von Bedrängnissen durch die Gegner und Feinde, vor denen allein Gott, der Herr „so ein armes heufflin" (so der Liedtext) schützen kann und es auch tut. Deshalb münden Psalm und Lied in Lob und Dank Gottes. Die Gefangenschaft ist zu Ende, unsere Seelen sind frei, und der Schöpfer des Himmels und der Erde wird uns auch ferner begleiten.

In der Situation der frühen Reformation konnte ein solches Lied – gesungen oder auch gelesen – der Ermutigung der bedrängten oder verfolgten Anhänger Luthers und/oder des Evangeliums dienen.

---

1) Vgl. oben S. 97 f.

27 Wohl dem, der in Gottesfurcht steht

Auch dieses Lied gehört zu den Psalmliedern aus dem Frühjahr 1524. Es steht in den Erfurter Enchiridien ebenso wie in Johann Walters Wittenberger Gesangbuch. Vorlage ist Psalm 128 (127), den Luther in dieser Zeit auch für die Übersetzung des Psalters bearbeitete. Diese erschien unter dem Titel *Der Psalter deutsch. Martinus Luther*[1] im selben Jahr bei Lukas Cranach d. Ä. und Christian Döring. Unser Lied entspricht dort Psalm 128; Psalmenübertragung und Lied sind textlich sehr nahe verwandt und wohl in zeitlicher Nachbarschaft entstanden.

Luther eröffnet die Psalterausgabe mit einer „Vorrhede auff den Psalter". In ihr rühmt er den Reichtum der hebräischen Sprache, der sich im Deutschen nur mangelhaft wiedergeben lasse: „ES ist die Ebreische sprache so reiche / das keyne sprach sie mag gnugsam erlangen [ihr hinreichend gleichkommen kann]. Denn sie hat viel wőrter die da singen / loben / preysen / ehren / frewen / betrűben etc. / heyssen / da wir kaum eynes haben. Vnd sonderlich in Gőttlichen heyligen sachen ist sie so reich mit worten / das sie wol zehen [zehn] namen hat / da sie Gott mit nennet / da wyr nicht mehr haben denn das eynige wort / Gott / das [so dass] sie wol billich [mit Recht] eyn heylige sprache heyssen mag. Derhalben keyne verdolmetschung so frey gehen [schön und passend sein] kan / als ym Ebreischen selbs lautet / on was noch ist der [ab-

---

1)   Der Psal= || ter || deutsch. || Martinus || Luther. || Wittemberg. || 1524. ||. – VD 16 B 3281 (online), Ps 128 ebd. Bl. CXII^v (Titulus) – CXIII^r.

gesehen von den] verblůmeten wort / die man figuras [rheto-
rische Figuren] nennet / darynnen sie auch alle zungen [Spra-
chen] vbertrifft."[2]

Damit beschreibt er Möglichkeiten und Grenzen seiner
Übertragung eines poetischen hebräischen Textes in die
deutsche Sprache, in der Bibelübersetzung ebenso wie in der
Liederdichtung.

---

2)   Ebd. Bl. A ij[r].

28 Aus tiefer Not schrei ich zu dir

„Der CXXX. Psalm / De profundis clamaui ad te Domine. D. Mart. Luther" lautet die Überschrift über dieses Lied. Es hat im Babstschen Gesangbuch fünf Strophen, so wie schon 1524 in Johann Walters Wittenberger Gesangbuch. Zeitlich wohl voraus ging eine vierstrophige Fassung, die, zusammen mit *Ach Gott, vom Himmel sieh darein* und *Es spricht der Unweisen Mund wohl,* auf einem Liederblatt gedruckt wurde, das der Nürnberger Drucker Jobst Gutknecht für seinen Sammeldruck, das „Achtliederbuch", verwendete. Diese Fassung erschien auch in den Erfurter Enchiridien. Sie weicht im Text der ersten Strophe an einer einzigen Stelle (Z. 6) ab: „wie manche sund ich hab gethan". Die zweite Strophe lautet dort:

„Es steht bey deyner macht allein /
die sunden zu vergeben.
Das dich forcht beide gros vnd kleyn /
auch yn dem besten leben /
darumb auff Got wil hoffen ich /
mein hertz auff yhn sol lassen sych.
Ich wil seins worts erharren."[1]

Die vierte und fünfte Strophe der fünfstrophigen Fassung entsprechen der dritten und letzten Strophe der vierstrophigen.

---

1) Das Erfurter Enchiridion. Gedruckt in der Permentergassen zum Ferbefaß 1524 ... Faksimiledruck mit einem Geleitwort hrsg. von Konrad Ameln, Kassel u. a. 1983, Bl. B 7ᵛ.

Aus tiefer Not lag bereits vor, als Luther um die Jahreswende 1523/24 an Spalatin schrieb.[2] Doch war das Lied nicht Ergebnis einer ersten Befassung mit der Vorlage Psalm 130. Ihn hatte Luther schon 1517 im Zusammenhang der *Sieben Bußpsalmen*[3] übersetzt und ausgelegt.[4] Gegenüber dieser ersten Auslegung ist die des sechs Jahre später entstandenen Liedes sprachlich und theologisch deutlich konzentriert: auf die Gnade und Gunst Gottes, der gegenüber das Tun der Menschen vergeblich ist und die sich keine Verdienste erwerben können, derer sie sich vor Gott rühmen könnten. Vielmehr kommt es allein auf das Vertrauen des Herzens gegenüber Gott an, der über alle menschliche Sünde hinaus viel mehr Gnade hat (vgl. Röm 5,20: „Wo aber die Sünde mächtig geworden ist, da ist die Gnade noch viel mächtiger geworden."). Dieser gute Hirte wird Israel, die Kirche und den Beter, mich, von allen Sünden erlösen.

Damit dient das Lied der (Selbst-)Vergewisserung des betenden Sängers oder singenden Beters, und es verkündigt die überreiche Gnade Gottes, der als der gute Hirte die Sünde vergeben und den Sünder annehmen will.

Kein Wunder, dass Luther Psalm 130 zu den „paulinischen" Psalmen zählte; in den 1530er Jahren zeichnete sein Mitarbeiter Georg Rörer (1492–1557) folgende Äußerung Luthers auf: „Unter den prophetischen Psalmen ist der erste „Der Herr sprach zu meinem Herrn" [Ps 110], unter den Lehrpsalmen sind die ersten „Gott, sei mir gnädig" [Ps 51], „Wohl dem, dem die Übertretungen vergeben sind" [Ps 32], „Aus der

---

2) Vgl. S. 97 f.

3) Die Sieben puszpsalm mit deutscher auszlegung ... Wittenberg 1517 (VD 16 B 3482 und 3483; online).

4) Text: WA 1, (154) 158–220, hier 206–211.

Tiefe" [Ps 130], „Herr, erhöre mein Gebet" [Ps 143]. Sie lehren
nämlich, dass Vergebung der Sünden ohne das Gesetz geschehen soll. Deshalb sind die(se) Psalmen vollkommen pauli-
nisch. Was ist denn das anderes: „Denn bei dir ist die Vergebung, dass man dich fürchte", als was Paulus sagt: „Denn Gott
hat alle eingeschlossen in den Ungehorsam, damit er sich aller erbarme" [Röm 11,32]. „Dass man dich fürchte", das heißt,
dass alle das Hütlein vor dir ziehen müssen, damit sich niemand in seiner eigenen Gerechtigkeit rühme und damit die
Vergebung steht, und nicht das Verdienst."[5]

---

5) WA.Tischreden 1, 375 Nr. 791: „Inter propheticos psalmos praecipuus est:
   Dixit Dominus etc. Inter doctrinales praecipui: Miserere, Beati, quorum
   remissa, De profundis, Domine, exaudi orationem meam. Docent enim,
   quod remissio peccatorum contingat sine lege. Ideo psalmi sunt omnino
   Paulini. Quid enim est aliud: Quia apud te propitiatio, ut timearis, quam
   quod Paulus dicit: Omnes conclusit sub peccato, ut omnium misereatur?
   Ut timearis, id est, das alle mussen das hutlin fur dir abziehen, ut nemo
   glorietur in sua iustitia, et ut stet propitiatio, non meritum."

29 Jesaja dem Propheten das geschah

„Das deutsche Sanctus" lautet die Überschrift über Luthers Lied nach Jes 6, 1–4. Der biblische Text handelt von der Vision des Propheten bei seiner Berufung. Durch die Erinnerung an den Propheten Jesaja wird die biblische Herkunft des Sanctus festgehalten.

Das Lied wurde eigens für den Abendmahlsgottesdienst nach reformatorischem Verständnis geschrieben und als erstes Lied nach den 1524 erschienenen Liedern Luthers gedruckt, und zwar 1526 in der Schrift *Deutsche Messe und Ordnung Gottesdiensts*.[1] Da will Luther es während der Austeilung des Brotes beim Abendmahl und vor der Konsekration des Kelches singen lassen, neben *Gott sei gelobet und gebenedeiet* (**21**) und *Jesus Christus, unser Heiland, der von uns den Gotteszorn wandt* (**20**). Auch die Elevation der Hostie, also deren Emporheben, wolle er nicht abschaffen, weil sie gut zu dem Sanctus passe („darumb das es fein mit dem deudschen sanctus stymmet"[2]).

Seinen ursprünglichen Sitz im Leben hat das Lied also in der Abendmahlsliturgie. Bald nach seinem Erstdruck wurde es auch in Gesangbücher übernommen, zunächst in seinem ursprünglichen Zusammenhang, seit 1531 auch unabhängig von diesem.[3] Dass es sogar einen Einzeldruck, und zwar mit Noten, gegeben hat, lässt der Brief eines Predigers aus der erzgebirgischen Stadt Schlettau, Johannes Caper, an den Zwi-

---

1)   WA 19, 99 f.; Original: VD 16 M 4917, Bl. Eᵛ–E ijʳ.

2)   WA 19, 99,17 f.

3)   WA 35, 230.

ckauer Stadtschreiber Stefan Roth (1492–1546) erkennen: Kauf
mir auch Das Sanctus Esaias dem propheten das geschah, mit
Noten („Emes mihi quoque Das Sanctus Esaias dem propheten das geschah cum notis"[4]). In einigen Gottesdienstord-
nungen der Reformationszeit ist es als Lied während oder
nach der Austeilung des Abendmahls vorgesehen.

Im Evangelischen Kirchengesangbuch von 1950 war es
enthalten (EKG 135), im Evangelischen Gesangbuch von 1993
fehlt es. Der Dichter Johannes Bobrowski (1917–1965) hat dieses „SANCTUS" kalligraphisch aufgeschrieben; seine Sammlung *Meine liebsten Gedichte* wird mit eben diesem Lied eröffnet.[5]

Luther geht es in seinem Lied um die Gegenwart Gottes.
Dafür überträgt er die Situation des Propheten im Tempel an
den Ort der Abendmahlsfeier in der Kirche. Die Erfahrung des
Tremendum und Faszinosum, die den Propheten erfüllt
hatte, können auch die Kommunikanten machen. Denn in
Brot und Wein ist Christus wahrhaft gegenwärtig.

---

4) 5. Juni 1528; WA 25, 231.

5) Johannes Bobrowski, Meine liebsten Gedichte. Eine Auswahl deutscher
Lyrik von Martin Luther bis Christoph Meckel. Mit zehn Wiedergaben
nach der handschriftlichen Sammlung. Hrsg. von Eberhard Haufe, Berlin
1985, Frontispiz und 7.

30 Erhalt uns, Herr, bei deinem Wort

Während Luthers Lebzeiten war die Bedrohung des Reiches und der in ihm lebenden Menschen durch die „Türken" ein beständiges Thema. Im Jahr 1526 schlug ein Heer des Osmanischen Reiches, in der Schlacht bei Mohács in Ungarn, die kaiserlichen Truppen, und 1529 standen die Türken vor Wien. Angst machte sich breit, hinzu kamen Unkenntnis und Ungewissheit, wie man mit Muslimen umgehen könne, insbesondere, welche Gefahren von ihnen drohten. In „Türkenbüchlein"[1] wurde das Thema breit thematisiert. Luther selbst verfasste einige Schriften gegen die „Türken", so u. a. *Eine Heerpredigt wider den Türken* (1529). Neben den Osmanen war es aber auch der Papst, Paul III. (1534–1549), der die Evangelischen bedrohte – tatsächlich wurde der Kampf zwischen den sich bildenden Konfessionen im Schmalkaldischen Krieg 1547/48 militärisch geführt, die Evangelischen verloren, der Kaiser obsiegte und legte den Protestanten ein „Interim" auf, eine Rückkehr zu den Riten des alten Glaubens.

Das Lied ist vielleicht Ende 1541 / Anfang 1542 entstanden, zuerst 1542 in einem Einblattdruck nachgewiesen und 1543 in einem Gesangbuch Joseph Klugs in Wittenberg gedruckt worden. Es gibt sogar eine Übersetzung ins Französische, die 1544/45 in Straßburg publiziert wurde. Daneben wurde das Lied 1546 in einer antipäpstlichen Komödie, außerdem um 1550 auch auf einem Einblattdruck mit einem Holzschnitt

---

1) Thomas Kaufmann, „Türckenbüchlein". Zur christlichen Wahrnehmung „türkischer Religion" in Spätmittelalter und Reformation, Göttingen 2008 (Forschungen zur Kirchen-und Dogmengeschichte 97).

verbreitet. In den Jahren nach seiner Entstehung wurde es, teilweise regelmäßig, als Gebet gegen die Türkengefahr im Gottesdienst gesungen. Seitdem gehört es zum festen Bestand in den lutherischen Gesangbüchern.

1566 veröffentlichte der Kantor Johann Walter eine große sechsteilige Choralmotette über das Lied, das durch zwei weitere Strophen aus der Feder von Justus Jonas (1493–1555) erweitert worden war:

„Ihr Anschläg, Herr, zunichte mach,
Lass sie treffen böse Sach'
Und stürz' sie in die Grub hinein,
die sie machen den Christen dein.

So werden sie erkennen doch,
dass du, unser Gott, lebest noch
und hilfst gewaltig deiner Schar,
die sich auf dich verlässet gar. AMEN."

Das Lied thematisiert die christliche Grundsituation – vielleicht nicht nur zur Reformationszeit –: die Anfechtung durch Feinde, die teils im Namen Christi selbst, teils von außen droht. Diejenigen, die gegen Christus kämpfen, können aber nur durch den dreieinigen Gott selbst, nicht etwa durch die Kirche und ihre Macht besiegt werden. Darum geschieht die Bitte um das wirksame Wort Gottes und die Macht Jesu Christi. Diese sollen sich in einer Einheit der Christenheit zur Darstellung bringen, gegen den Widerstreit des Sinnes des Evangeliums. Diese Orientierung durch das Wort Gottes wird am Ende auch im Tod tragen.

Das trinitarisch konzipierte Lied – Gott Vater, Jesus Christus und der Heilige Geist sind jeweils die Angeredeten in den drei Strophen – bittet, Gott möge seine Gemeinde bei seinem Wort halten, sie durch es erhalten und damit den Gegnern des Wortes, dem Papst und den „Türken", wehren. Sie sind es, die Jesus Christus aus seinem Regiment verdrängen wollen, und zwar durch Worte und Handlungen, die dem göttlichen Wort entgegenstehen. Wenn die Bitte um Erhaltung des Wortes und bei dem Wort geäußert wird, dann ist das Wort im Sinne der reformatorischen Erkenntnis des Evangeliums verstanden. Dieses Evangelium ist lebensbestimmend und lebensfördernd, und insofern handelt es sich um eine existentielle Bitte. Durch Abweichen von Gottes Wort ist die Not entstanden, um deren Abwendung das Lied bittet.

Jesus Christus als der Herr über alle Herren soll in diesem Zusammenhang seine Macht erweisen und seine verlorene Christenheit beschützen. Mit der Christenheit ist keineswegs nur die evangelische Partei gemeint, sondern vielmehr die ganze Christenheit auf Erden (vgl. das Credo-Lied *Wir glauben all an einen Gott* [16]), und zwar gegen die in Strophe 1 benannten Feinde. Das Ziel dieses Schutzes ist das Lob Christi – in Ewigkeit, also auf Erden bis an das Ende der Tage und danach auch in Ewigkeit –, wie es in dem Vaterunserlied (17) heißt: „Es kom dein Reich zu dieser zeit / vnd dort hernach in ewigkeit". Der Heilige Geist wird, entsprechend der Verheißung aus Joh 14,16.26 der Tröster genannt. Er soll Frieden stiften und die Menschen auf Erden in einen gemeinsamen Willen, den Willen Gottes, geleiten und damit ihr Leben in der Welt als ein gottgefälliges Leben bestimmen. Nach dem Leben aber geht es an das Sterben. Daher rührt die Bitte, uns in der Not des Sterbens zu begleiten und diesen Tod als Übergang und Eingang in das ewige, nicht mehr vom Tod bestimmte und begrenzte Leben zu führen.

So formuliert das Lied als solches ein Lob des dreieinigen Gottes: den Glauben an Gott Vater in Bedrängnis, die Hoffnung auf die Macht Jesu Christi in diesem Leben, die Liebe unter den Menschen in dieser Welt und den Ausblick in Gottes Ewigkeit, in der kein Tod mehr sein wird noch Leid noch Geschrei (Offb 21,4).

31 Verleih uns Frieden gnädiglich

Die Überschrift zu diesem einstrophigen Lied lautet: „Da pacem Domine / Deutsch." Damit ist eine Jahrhunderte alte, in das 9. Jahrhundert datierte lateinische Antiphon gemeint: „Da pacem domine / in diebus nostris / quia non est alius / qui pugnet pro nobis / nisi tu, deus noster." Luther hat sie ziemlich wörtlich übersetzt und nur das Adverb „gnediglich" hinzugefügt.

Die Entstehungszeit ist nicht bekannt; die Strophe dürfte 1528/29 verfasst worden sein. Damit wäre die unsichere Situation der Evangelischen im Reich ebenso getroffen wie die Bedrohung durch die Türken. Der Erstdruck erfolgte 1531 in einem Gesangbuch von Andreas Rauscher in Erfurt; wahrscheinlich war das Lied bereits in dem (verlorenen) Gesangbuch Joseph Klugs von 1529 enthalten. Schon Johannes Bugenhagen (1485–1558) ließ das Lied als Schlusslied im Gottesdienst in Wittenberg singen – eine Praxis, die sich bis in die Gegenwart erhalten hat. Selbst eine neuere Vertonung (Matthias Nagel [geb. 1958] im hessischen EG + Nr. 142) behält den Luthertext bei – ein Beleg für den festen Sitz dieser Fassung im Leben der gottesdienstlichen Gemeinde.

Im Babstschen Gesangbuch folgt nach dem Lied auf der nächsten Seite „Ein gebet.

Gott gib fried in deinem lande.
Glück vnd heil zu allem stande.

HERR Gott himlischer Vater / der du heiligen mut / guten rat / vnd rechte wercke schaffest / Gib deinen dienern friede / welchen die welt nicht kan geben / Auff das vnser hertze an

deinen geboten hange / vnd wir vnser zeit / durch deinen
schutz / stille vnd sicher für [vor] feinden leben / Durch Jhesum Christ deinen Son / vnsern HERRN / Amen."

Dieses Gebet war schon in Joseph Klugs Gesangbuch von
1543/44 enthalten. Es erinnert an die Verheißung des Friedens
Christi in dem Jesuswort Joh 14,27: „Frieden lasse ich euch,
meinen Frieden gebe ich euch. Nicht gebe ich euch, wie die
Welt gibt. Euer Herz erschrecke nicht und fürchte sich nicht."

Die Bitte um Frieden gehört zu den täglichen und sonn-
täglichen Gebeten der Christen und der Kirche. Jeder Gottesdienst endet in seinem Segen mit dem Wort „Frieden". Luthers Bitte um den Frieden galt seiner Zeit, war und ist aber
in der Folgezeit und bis auf den heutigen Tag als die je eigene
Bitte gegenwärtig – als Entsprechung und Verstärkung des
Aaronitischen Segens: „Der HERR segne dich und behüte
dich; der HERR lasse sein Angesicht leuchten über dir und sei
dir gnädig; der HERR hebe (erhebe) sein Angesicht über (auf)
dich und gebe dir Frieden" (Num 6, 24–26 bzw. Agende).

32/33 Nun freut euch, lieben Christen gmein

Nun freut euch, lieben Christen gmein ist Luthers theologisch kostbarstes Lied, sein reformatorisches Kernlied schlechthin und eine Summe seiner Theologie par excellence. Die Überschrift „Ein dancklied fûr die hôchsten wolthaten / so vns Gott in Christo erzeigt hat" bringt knapp zum Ausdruck, worum es in dem Lied geht: um Gottes Heil in Jesus Christus für die Menschen. Das ist Grund zur Freude und zum Singen.

Entstanden ist es, vielleicht im Zusammenhang des Liedes über die Brüsseler Märtyrer (**39**), im Jahr 1523. Auch dieses Lied wurde zuerst auf einem (nicht erhaltenen) Liedblatt gedruckt, danach in Augsburg auf einem weiteren, in einem einzigen Exemplar erhaltenen.[1] Von dort gelangte es nach Nürnberg in den Achtliederdruck Jobst Gutknechts. Auch die Erfurter Enchiridien und Walters Gesangbuch von 1524 enthalten das Lied, ebenso wie zahlreiche weitere frühe Gesangbücher der Zeit. Bis 1533 wurde es mit vier verschiedenen Melodien versehen. Sein Ort im Gottesdienst wird in den Erfurter Enchiridien als Lied vor der Predigt bestimmt.

Bemerkenswert sind die Überschriften, mit denen das Lied in den verschiedenen Gesangbüchern versehen wurde. In Nürnberg lautet sie 1524: „Ein Christenlichs lied Doctoris

---

1) Vgl. dazu Reformation und Gesang: Luthers Lied Nun freut euch, lieben Christen g'mein; Jürgen Heidrich, Historische und musikwissenschaftliche Aspekte; Eberhard Nehlsen, Zum Lied-Einblattdruck, in: Irene Dingel / Henning P. Jürgens (Hg.), Meilensteine der Reformation. Schlüsseldokumente der frühen Wirksamkeit Martin Luthers, Gütersloh 2014, 199–216.

Martini luthers / die vnaussprechliche gnaden Gottes vnd des rechten Glaubens begreyffendt [umfassend]"; die Erfurter Enchiridien bestimmen seinen Ort im Gottesdienst (s. o.): „Folget eyn hubsch Evangelisch lied / welchs man singt vor der Predigt"; 1531 heißt es dann in einem Erfurter Gesangbuch „Ein lied von dem gantzen Christlichen leben", 1533 in Wittenberg „Ein fein geistlich lied / wie der sunder zur gnade kompt"; die Leipziger Überschrift findet sich schon 1544 in einem Wittenberger Gesangbuch Joseph Klugs.

Ganz besonders bemerkenswert ist das Lied durch den mehrfachen Wechsel der redenden Personen: Die erste Strophe ist eine Einladung zur Freude unter allen Christenmenschen über die Wohltat, die Gott an ihnen getan hat. In den Strophen 2 und 3 klagt ein Ich sein Leid und schildert das Elend des Menschen, der sich aus eigener Kraft, mit seinen guten Werken, nicht befreien kann, sondern in Todesangst schwebt. Die vierte Strophe berichtet zunächst von Gottes väterlicher Barmherzigkeit, in der fünften aber redet dieser Gott selbst, führt ein innertrinitarisches Gespräch zwischen Vater und Sohn, in dem die beiden einen Heilsplan für die Menschen entwerfen, die Erlösung von Sünde, Tod und Teufel, die der Sohn, wie erneut das Ich in der sechsten Strophe bezeugt, im Gehorsam gegenüber dem Vater ausführt. Er wird Mensch, der Menschen Bruder, erweist dem Menschen seine Liebe wie ein Geliebter und verspricht ihm, dass nichts ihn von seinen geliebten Menschen scheiden kann. Von der siebten Strophe an bis zum Schluss redet Christus zu dem Ich, erzählt ihm seine Geschichte, im Wissen um seine Passion, aber auch um seine Auferstehung und Himmelfahrt. Am Ende trägt er ihm auf, was zu seinem und der Nächsten Leben dient. Nach seinem Weggang wird der Heilige Geist, der Tröster, kommen und die Menschen in alle Wahrheit leiten. Die

Menschen sollen seiner Weisung folgen, um das Reich Gottes zu mehren und sich dabei vor den Machenschaften der Menschen hüten – „das las ich dir zu letzte", das heißt, das ist mein Vermächtnis für dich.

Luthers Lied setzt in unnachahmlicher poetischer Qualität ins Lied, was er unter dem Evangelium verstand. Der Gott des Evangeliums ist ein redender Gott, und er ist ein barmherziger Gott. Vater und Sohn reden miteinander, und der Sohn redet mit den Menschen, mit mir und mit uns, und verheißt Leben und Seligkeit. Das Lied ist gesättigt von biblischen Worten und Anspielungen, es legt die Heilige Schrift aus und wird wiederum von ihr ausgelegt, im Lesen, Singen und Hören durch die einzelnen und die Gemeinde. Das Vermächtnis wirkt, in Wort und Gesang, und erneuert und mehrt das Reich Gottes, jedesmal wenn es an eines Menschen Herz dringt.

Unter der Überschrift „XXXII. Ein ander melodey" folgen die erste Strophe mit der bekannten, auch im EG 341 zu findenden Melodie sowie dem Textbeginn der zweiten Strophe; die unter der Nummer 32 gebotene Melodie steht im EG 149 in dem Lied *Es ist gewisslich an der Zeit.*

34 Sie ist mir lieb, die werte Magd

Wie die Überschrift zu diesem Lied ausweist, liegt ihm das zwölfte Kapitel der Offenbarung des Johannes (Offb 12,1–6) zugrunde: „Ein lied von der heiligen Christlichen Kirchen / Aus dem xij. Cap. Apocalypsis."

Dieses Lied unterscheidet sich von allen anderen Liedern Luthers durch seine kunstvolle Gestalt – nirgends sonst hat Luther die Form eines „Hofliedes", also der Gesellschaftslyrik der Zeit, für eines seiner Lieder gewählt. Wahrscheinlich sind Text und Melodie von Luther ohne Vorlage entworfen; auch Zeitgenossen haben das Lied als ganzes für ein Werk Luthers gehalten. Der Text wurde erstmals 1535 in einem Gesangbuch Joseph Klugs in Wittenberg[1] veröffentlicht, die Melodie aber zuerst im Babstschen Gesangbuch. Als Gemeindelied ist es, dem Text und vor allem seiner Melodie nach, nicht zu verwenden. In den gottesdienstlichen Gebrauch ist es daher auch nicht gelangt.

Die erste Strophe lässt (noch) nicht erkennen, wer mit der „werde[n] Magt" gemeint ist. Erst die zweite Strophe macht durch ihren Rekurs auf Offb 12 klar, dass hier eine Frau auf der Mondsichel beschrieben wird, wie sie in Mariendarstellungen der Zeit allgegenwärtig war. Es geht um einen (geistlichen) Kampf zwischen „dem alten drachen", der das Kind

---

[1] In dem unvollständigen Exemplar der Bayerischen Staatsbibliothek München des Gesangbuchs: Geistliche Lieder zu Wittenberg. D. Mart. Luther. Gedruckt zu Wit= || temberg durch || Joseph Klug. || M. D. XXXV. || – VD 16 G 842 – fehlt Blatt 55, auf dem das Lied nach Ausweis des Registers stehen sollte.

der Frau verschlingen will; dieses ist jedoch (bereits) in den Himmel gefahren. Das Wüten der Welt bereitet der „mutter" Not – aber Gott wird sie behüten und sich ihr als ein wahrer Vater erweisen. Die Bildlichkeit lässt sich sowohl auf Maria als auch auf die Kirche in der Welt deuten (so wie die Überschrift es nahelegt), Maria gebiert Christus, den Herrn aller Welt, dem sie ergeben („unterhon") ist – ein Zeichen ihrer Demut. Der alte Drache, den man mit dem Teufel identifizieren kann, wird trotz seines Zorns nichts ausrichten können und keinen Sieg davon tragen; „es kann jm nicht gelingen" (V. 28) heißt es in Analogie und Umkehrung zu der entsprechenden Formulierung in *Ein feste Burg ist unser Gott*: „es sol vns doch gelingen" (**24**, V. 22). Und schon in *Nun freut euch, lieben Christen gmein* hatte Luther Christus die Worte an den Menschen in den Mund gelegt: „Er sprach zu mir halt dich an mich / es sol dir jtzt gelingen" (**32**, V. 43 f.).

Nimmt man mit der Überschrift das Lied als „Ein lied von der heiligen Christlichen Kirchen", dann bezeugt die erste Strophe die Liebe zu dieser Kirche, von der der Sänger allen Fährnissen zum Trotz Liebe und Treue erwartet; die zweite besingt die Kirche als demütige Mutter und Braut des Herrn („HERRN") Jesus Christus, und in der dritten wird ihr verheißen, dass die Pforten der Hölle sie nicht überwinden sollen (vgl. Mt 16,18), da Gott im Himmel, zu dem der Sohn aufgefahren ist, sie behüten und vor Schaden bewahren wird. Am Ende, so lautet die verheißungsvolle Zuversicht, wird Gott den Sieg davontragen, und mit ihm die Seinen.

35 Mitten wir im Leben sind

Auch dieses Lied hat eine lateinische Vorlage, die Antiphon *Media vita in morte sumus*, die im späten Mittelalter als Prozessions-, Begräbnis- und Predigtlied sowie als Teil des Totenoffiziums sehr verbreitet war: „Media vita in morte sumus. / Quem querimus adiutorem / nisi te, domine?, / qui pro peccatis nostris / iuste irasceris. / Sancte deus, / sancte fortis, / sancte et misericors salvator / amarae morti ne tradas nos." (Mitten im Leben sind wir im Tode. Wen suchen wir als Helfer, wenn nicht dich, Herr, der du über unsere Sünden zu Recht zürnst. Heiliger Gott, heiliger Starker, heiliger und barmherziger Erlöser, übergib uns nicht dem bitteren Tod.) Sie wurde bereits vor Luther mehrfach ins Deutsche übersetzt; eine dieser Übertragungen könnte ihm als Vorbild gedient haben.

Das Lied ist nach dem 5. oder 6. Juli 1524 entstanden. Damals kam der Humanist Wilhelm Nesen (geb. 1492) nach einem Schiffsunglück in der Elbe ums Leben – ein Schicksal, das die Wittenberger Reformatoren in ihren Briefen beschäftigte. Gedruckt wurde es im selben Jahr in den beiden Erfurter Enchiridien und in Walters Gesangbuch. Für die Erfurter Liederbücher bedeutet das, dass sie nicht vor diesem Datum entstanden sein können.

Luther kannte die Antiphon gut und zitierte sie mehrfach in seinen Vorlesungen und Schriften.[1] Er hat aus der *einen* Strophe ein dreistrophiges Lied gemacht. Die erste Strophe

---

1) Vgl. die Belege bei Heidrich-Schilling, 154 f.

beschreibt die Todesverfallenheit des Menschen – eine exis-
tenzielle Erfahrung, die die Menschen des Mittelalters und
der Frühen Neuzeit durch Kindersterblichkeit, Seuchen, insbesondere die Pest, Krieg und Gewalt beständig machen
mussten. „Homo bulla" – der Mensch ist (wie) eine Seifenblase, war eine Überzeugung der Zeit. Erasmus von Rotter-
dam hatte das – römische, bei Varro, Petron und anderen be-
legte – Sprichwort 1508 in seinen *Adagia* (Sprichwörtern) behandelt: „Prouerbium hoc admonet humana uita nihil esse
fragilius, nihil fugacius, nihil inanius" (Dieses Sprichwort ermahnt [daran zu denken], dass nichts zerbrechlicher, nichts
flüchtiger, nichts nichtiger ist als das menschliche Leben;
Adagia II 3 48), und in den Jahren, in denen das Lied entstand,
malte Bartholomäus Bruyn d. Ä. (1493–1555) einen Knaben
mit einer Seifenblase – es ist die älteste Darstellung dieses Pro-
verbiums in der Kunst.[2] Welche Hilfe in dieser Todesnot sollen die Menschen suchen? Menschliche oder göttliche oder
die Hilfe der Heiligen? Luthers Antwort lautet: Die Hilfe Gottes, des Herrn, „alleine". Mit der Schreibung des Gottesna-
mens in Versalien „HERR" ist der dreieinige Gott, der Gott
Abrahams, Isaaks und Jakobs und Vater Jesu Christi gemeint
– „vnd ist kein ander Gott" heißt es in *Ein feste Burg* (**24**,
V. 17). Im Unterschied zu den Vorlagen ist hier im Lied davon
die Rede, dass „vns rewet vnser missethat". Umso mehr hoffen die Menschen auf Gottes Barmherzigkeit.

Zahlreiche Texte und Bilddarstellungen beschäftigen sich
in diesen Jahren mit dem Lebensende. Mit der *Ars moriendi*
(Kunst des rechten Sterbens) gibt es eine breit bezeugte Lite-

---

2) Nürnberg, Germanisches Nationalmuseum, Gm 2317. Köln, um 1525/30,
online.

raturgattung, die von einem guten Ende des Lebens handelt. In den Bilddarstellungen finden sich auch solche von der Hölle und ihrem aufgesperrten Rachen – wer die zweite Strophe des Liedes in seiner Entstehungszeit sang, mochte angstmachende Bilder vor Augen haben. Luther bittet Gott nicht nur um Bewahrung vor diesem Elend, sondern er hält fest: „es jamert dein barmhertzigkeit / vnser sund vnd grosses leid". Schon in dem bereits veröffentlichten Lied *Nun freut euch, lieben Christen gmein* (**32**) hatte Luther Gottes Barmherzigkeit thematisiert. Da heißt es, nach der Beschreibung von des Menschen Elend, in der vierten Strophe: „Da jamerts Gott in ewigkeit / mein elend vbermassen / Er dacht an sein barmhertzigkeit / er wolt mir helffen lassen / Er wand zu mir das Vater hertz / es war bey jm fůrwar kein schertz / er lies sein bestes kosten." Was hier ausgesprochen war, wird in der dritten Strophe von *Mitten wir im Leben sind* konkret: Zuflucht finden die Menschen bei dem, der sein Blut für unsere Sünden vergossen und damit genug für die Sünde und die Sünder getan hat: bei „dir HERR Christ alleine". Dieser heilige, starke Gott erweist sich in Jesus Christus eben als der barmherzige Gott, seine Heiligkeit und Stärke ist seine Barmherzigkeit – und die typographische Hervorhebung von „HERR" zeigt in den Drucktypen die Einheit Gottes, des Vaters und des Sohnes und des Heiligen Geistes, der unserer Schwachheit aufhilft und uns im rechten Glauben (be)stärkt. „Las vns nicht entfallen / von des rechten glaubens trost" – das heißt: Lass uns nicht aus der Stärkung herausfallen, die uns durch den Heiligen Geist im rechten Glauben geschenkt wird. Deshalb sind wir, wie Luther den Satz umkehrt, mitten im Tod mit dem Leben umfangen.

36 Herr Gott, dich loben wir

Die Überschrift bezeichnet das Lied als Übersetzung: „Der lobgesang Te Deum laudamus ... verdeutscht". Vorlage ist der sog. Ambrosianische Lobgesang, ein lateinischer Lob-, Bitt- und Dankgesang, der lange Ambrosius von Mailand (339–397) zugeschrieben wurde, aber zuerst im 6. Jahrhundert bezeugt ist; der Verfasser ist unbekannt.[1] Die lateinische Vorlage lautet:

„Te Deum laudamus, te dominum confitemur.
Te aeternum patrem omnis terra veneratur.
Tibi omnes angeli, tibi caeli et universae potestates,
Tibi cherubim et seraphim incessabili voce proclamant:
Sanctus, sanctus, sanctus dominus deus Sabaoth.
Pleni sunt caeli et terra maiestatis gloriae tuae.

Te gloriosus apostolorum chorus,
Te prophetarum laudabilis numerus,
Te martyrum candidatus laudat exercitus.
Te per orbem terrarum sancta confitetur ecclesia
patrem immensae maiestatis,
venerandum tuum verum et unicum filium
sanctum quoque paraclitum spiritum.

Tu rex gloriae, Christe,
Tu patris sempiternus es filius.
Tu ad liberandum suscepturus hominem
non horruisti virginis uterum.
Tu devicto mortis aculeo aperuisti credentibus
regna caelorum.

---

1) Text: Paul-Gerhard Nohl, Lateinische Kirchenmusiktexte. Übersetzung – Geschichte – Kommentar, Kassel ⁴2002; vgl. Carl P. E. Springer, Te Deum, in: Theologische Realenzyklopädie 33, 2002, 23–28.

Tu ad dexteram dei sedes, in gloria patris.
Iudex crederis esse venturus.
Te ergo quaesumus, tuis famulis subveni,
quos pretioso sanguine redemisti.
Aeterna fac cum sanctis tuis in gloria numerari.

Salvum fac populum tuum, domine,
et benedic haereditati tuae.
Et rege eos, et extolle illos usque in aeternum.
Per singulos dies benedicimus te.
Et laudamus nomen tuum in saeculum
et in saeculum saeculi.

Dignare Domine die isto sine peccato nos custodire.
Miserere nostri, domine, miserere nostri.
Fiat misericordia tua, domine, super nos,
quemadmodum speravimus in te.
In te, domine, speravi; non confundar in aeternum."

Dem Wechselgesang folgen im Babstschen Gesangbuch zwei
Gebete:
„Ein Gebet auffs Te Deum laudamus.

Dancket dem HERRN / denn er ist freundlich.
Vnd seine gůte weret ewiglich.

HERR Gott himlischer Vater / von dem wir on vnterlas allerley guts gar vberflůssig empfahen / vnd teglich fůr allem
vbel / gantz gnediglich behůtet werden / Wir bitten dich / gib
vns durch deinen Geist sölches alles / mit gantzem hertzen /
in rechtem glauben / zu erkennen / Auff das wird deiner mil-
den gůte vnd barmhertzigkeit hie vnd dort ewiglich dancken
vnd loben / Durch Jhesum Christ / deinen Son vnsern HErrn /
Amen.

Ein ander Gebet.

HERR ich wil dich teglich loben.
Vnd deinen namen rhůmen imer vnd ewiglich.

ALmechtiger Gott / Der du bist ein beschützer aller die auff
dich hoffen / on welches gnad niemand ichts [etwas] vermag /
noch etwas für dir gilt / Lasse deine barmhertzikeit vns reichlich widerfaren / Auff das wir durch dein heiliges eingeben
dencken was recht ist / vnd durch deine wirckung auch dasselbige volbringen. Vmb Jhesus Christus / deines Sons / vnsers
HErren willen / Amen."

Veröffentlicht wurde Luthers Verdeutschung zuerst wohl in
dem (verlorenen) Wittenberger Gesangbuch von 1529; die älteste erhaltene Quelle ist ein Erfurter Gesangbuch von 1531,
und in Joseph Klugs Wittenberger Gesangbuch von 1533 ist
sie ebenfalls enthalten.

In den katholischen und evangelischen Gesangbüchern,
im *Gotteslob* (380) und im *Evangelischen Gesangbuch* (331)
lebt das *Te deum* weiter in der Bearbeitung von Ignaz Franz
Großer Gott, wir loben dich.

Nach *Herr Gott, dich loben wir* folgt als Nummer „XXXVII.
Die deutsche Litaney", ohne den Namen eines Verfassers,
nach einem Bild zu Psalm 50 (Bl. L 5ᵛ) folgen drei Gebete und
danach „XXXVIII. LATINA LITANIA CORRECTA", die mit lateinischen Gebeten beschlossen wird. Die Abteilung endet
mit dem Lied über die Brüsseler Märtyrer (**39**).

39 Ein neues Lied wir heben an

Luthers allererstes Lied ist in Babsts Gesangbuch an vorläufig letzter Stelle aufgenommen worden. Der Grund wird darin liegen, dass es für den gottesdienstlichen Gebrauch nicht in Frage kam. Dächte man, mit dem Lied über die Brüsseler Märtyrer endeten Luthers Lieder in dem Gesangbuch überhaupt, täuscht man sich. Offenbar wurde sowohl von dem Autorprinzip als auch von der Ordnung in bestimmte Rubriken abgewichen. Denn in den hinteren Teilen des Gesangbuchs finden sich weitere Lieder Luthers, die auch mit dem Namen ihres Autors bezeichnet sind.

Am 1. Juli 1523 wurden auf dem Marktplatz in Brüssel zwei Brüder des Augustinereremitenordens als Ketzer verbrannt. Es waren die ersten Märtyrer der Reformation, Hendrik Voes und Johann van Esschen aus dem Augustinereremitenkloster Antwerpen. Nach diesem Ereignis schreibt Luther sein erstes Lied, ein balladenhaftes Erzähllied, in dem er die Geschichte der beiden Märtyrer erzählt – die Melodie zeigt Verwandtschaft mit derjenigen von *Nun freut euch, lieben Christen gmein*. Am Ende des Liedes betont er, das Martyrium der beiden sei ein Zeichen dafür, dass das Wort Gottes wiedergekommen sei und man deshalb guten Mutes sein dürfe: „Wir sollen dancken Gott darin / sein wort ist wider komen / Der Somer ist hart für der thür / der winter ist vergangen / Die zarten blůmlin gehn erfůr / der das hat angefangen / der wird es wol volenden. AMEN."

Ein weiteres Mitglied des Antwerpener Konvents, der Prior Heinrich von Zütphen (geb. um 1488) war im September 1522 nach reformatorischer Predigt verhaftet worden, konnte

aber über Bremen nach Dithmarschen fliehen, wo er seit Oktober 1524 für wenige Wochen in Meldorf mit großem Erfolg
als Prediger wirkte. In der Nacht vom 9./10. Dezember wurde
er überfallen und am 10. Dezember 1524 auf dem Marktplatz
in Heide als Ketzer zu Tode gebracht. Luther hat auch seinem
Schicksal bald darauf eine eigene Schrift gewidmet: *Von Bruder Henrico in Ditmar* [Dithmarschen] *verbrannt samt dem
zehnten Psalmen ausgelegt*[1]. Im Hinblick auf das Brüsseler
Geschehen fragte er sich, warum nicht er selbst, der er doch
die reformatorische Sache angefangen habe, sondern andere
für „seine" Sache und an seiner statt den Ketzertod erlitten.

Von „papistischer" Seite dagegen wurde der Feuertod dagegen für gut und gerecht gehalten, ja, die Augustiner wurden sogar als „Marienschänder" verhöhnt. Mit solchen „Mär-
tyrern" wolle Gott keine Wunder wirken, behauptete der In-
golstädter Professor Georg Hauer (1484–1536), der sich auch
sonst als harter Gegner Luthers und der Reformation hervor-
tat.[2]

---

1)   WA 15, S. (215) 224–250.

2)   Drey christlich predig vom || Salue regina/ dem Euā || geli vnnd heyligen ||
     schrift ge= || meß. || [Ingolstadt: Andreas Lutz]. VD 16 H 772 (online),
     Bl. A iij[r].

63 Der du bist drei in Einigkeit

Das Lied wurde zuerst in Joseph Klugs Gesangbuch von 1543 veröffentlicht und dürfte kurz vor der Drucklegung entstanden sein. Seine späte Platzierung im Babstschen Gesangbuch, nach einem Himmelfahrtslied, unter der Überschrift „LXIII. Hymnus / O lux beata. verdeutscht / Durch D. Mart. Luther." rührt daher, dass es hier unter eine Rubrik gesetzt wurde, die mit den folgenden Worten eingeleitet wird: „Nu folgen etliche geistliche Lieder / von fromen Christen gemacht / so vor vnser zeit gewesen sind.

DIese alten Lieder / die hernach folgen / haben wir auch mit auffgerafft / Zum zeugnis etlicher fromen Christen / so vor vns gewest sind / in dem grossen finsternis / der falschen lehre. Auff das man jo sehen müge / wie dennoch allezeit leute gewesen sind / die Christum recht erkand haben / Doch gar wünderlich in dem selbigen erkentnis / durch Gottes gnade / erhalten" (Bl. Q 4ᵛ).

Es handelt sich um die Übersetzung einer lateinischen Vorlage. Sie hat folgenden Wortlaut:

O lux beata, trinitas	Te mane laudum carmine,	Deo patri sit gloria
et principalis unitas,	te deprecamur vespere,	eiusque soli filio
iam sol recedit igneus,	te nostra supplex gloria	cum spiritu paraclito
infunde lumen cordibus.	per cuncta laudet saecula.	et nunc et in perpetuum.

Luther hat an „den hohen Artikeln der Göttlichen Majestet"[1], der Trinitätslehre und damit an den Entscheidungen der Alten Kirche, in deren Kontinuität er sich wusste und die er für schriftgemäß hielt, immer festgehalten. Die Frage, wer oder was Gott sei, hat er in der Auslegung des Ersten Gebots im Großen Katechismus eindringlich beantwortet.[2] Dabei gilt ihm jenseits aller spekulativen Interessen, Gott sei ein „unaussprechlich wesen uber und ausser allem, das man nennen odder dencken kann"[3].

Mit der Frage nach der Trinität hat er sich ausführlicher 1529 in den Katechismen und 1537 in den „Schmalkaldischen Artikeln" sowie 1538 in der kleinen Schrift *Die drei Symbola oder Bekenntnisse des Glaubens*[4] beschäftigt. Mit der Augustin zugeschriebenen Formel hielt er an der Aussage fest: Die Werke der Trinität nach außen sind ungeteilt („Opera trinitatis ad extra sunt indivisa").[5]

In seinem „Bekenntnis", das 1528 als Anhang zu seiner Schrift *Vom Abendmahl Christi* veröffentlicht wurde und testamentarischen Charakter hat, eröffnet Luther seinen Glauben mit den folgenden Worten: „Erstlich gleube ich von hertzen den hohen artickel der göttlichen maiestet / das Vater / son / heiliger geist drey vnterschiedliche personen / ein rechter / einiger / natürlicher / wahrhafftiger Gott ist / schepffer hymels vnd der erden / aller dinge widder die Arrianer / Macedonier / Sabelliner / vnd der gleichen ketzerey / Gene. I. wie das alles bis her beyde ynn der Römischen kirchen vnd ynn aller welt bey den Christlichen kirchen gehalten ist." Danach fährt er mit dem Bekenntnis zu Jesus Christus dem Erlöser

---

1) WA 50, 197, 2 f.
2) WA 30 I, 132,31–133,8.
3) WA 26, 340,1 f.
4) WA 50, (255) 262–283.
5) Vgl. dazu Wolfhart Pannenberg, Systematische Theologie II. Göttingen 1991, S. 15–23.

und zu dem Heiligen Geist fort. Gott gibt sich den Menschen als der dreieinige: „Das sind die drey person / vnd ein Gott / der sich vns allen selbs gantz vnd gar gegeben hat / mit allem das er ist vnd hat. Der Vater gibt sich vns / mit hymel vnd erden sampt allen creaturen / das sie dienen vnd nütze sein müssen. Aber solche gabe ist durch Adams fal verfinstert / vnd vnnütze worden / Darumb hat darnach der son sich selbs auch vns gegeben / alle sein werck / leiden / weisheit vnd gerechtickeit geschenckt vnd vns dem Vater versunet / damit wir widder lebendig vnd gerecht / auch den Vater mit seinen gaben erkennen vnd haben möchten. Weil aber solche gnade niemand nütze were / wo sie so heymlich verborgen bliebe / vnd zu vns nicht komen kündte / So kompt der heilige geist vnd gibt sich auch vns gantz vnd gar / der leret vns solche wolthat Christi vns erzeigt / erkennen / hilfft sie empfahen vnd behalten / nützlich brauchen vnd austeilen / mehren vnd foddern / Vnd thut dasselbige beide ynnerlich vnd eusserlich / Ynnerlich durch den glauben vnd ander geistlich gaben.

Eusserlich aber / durchs Euangelion / durch die tauffe / vnd sacrament des altars / durch welche er als durch drey mittel odder weise / er zu vns kompt vnd das leiden Christi ynn vns vbet vnd zu nutz bringet der seligkeit." Anschließend behandelt Luther alle wesentlichen Aussagen des Glaubensbekenntnisses. Am Ende summiert er: „Das ist mein glaube / denn also gleuben alle rechte Christen / Vnd also leret vns die heilige schrifft."[6] – Und zu Beginn der „Schmalkaldischen Artikel" wiederholt er, „Das [dass] Vater, Son und heiliger Geist,

---

6) DDStA 1, 554, 23–29. 562, 11–28. 568, 31 f. (vgl. WA 26, 500, 27–32. 505,38–506, 12. 509, 19 f.). – Vollständiger Originaltext mit Übersetzung in DDStA 1, 551–569.

jnn einem Göttlichen wesen und Natur drey unterschiedli-
che Personen, ein einiger Gott ist, der Himel und Erden geschaffen hat"[7].

---

7) WA 50, 197,5-10.

80 Nun lasst uns den Leib begraben

Das Lied stammt, wie er selber erklärt, nicht von Luther, sondern von Michael Weiße (um 1488–1534), dem großen Liederdichter der Böhmischen Brüder, der 1531 *Ein New Geseng buchlen*[1] herausgebracht hatte, steht aber im Babstschen Gesangbuch unter Luthers Namen. Unter seinem Namen wurde es bereits seit 1540 und auch weiter nach seinem Tode verbreitet.

In der Vorrede äußert Luther sich zu dem Sachverhalt: „Ich mus aber das auch vermanen / das lied / so man zum grabe singet / Nu last vns den leib begraben / fůret meinen namen / aber es ist nicht mein / vnd sol mein name hinfurt dauon gethan sein / Nicht das ichs verwerffe / denn es gefellet mir sehr wol / vnd hat ein guter Poet gemacht / genant Johannes [!] Weis / on das er ein wenig geschwermet hat am Sacrament / Sondern ich will niemand sein erbeit / mir zu eigen" (Bl. A 4$^{\text{r–v}}$).

Ganz unberechtigt ist die Zuweisung an Luther aber nicht; er hat Weißes Lied überarbeitet und ihm vor allem die letzte Strophe hinzugefügt. Damit schließt das Lied, anders als Weißes Memento mori, mit der Hoffnung auf den Erlöser Jesus Christus und singt ihm Lob.

---

1) Ein New Geseng ‖ buchlen. ‖ M D XXXI ‖ ... ‖ (Gedruckt zum Jungen Buntzel inn ‖ Behmen. Durch Georgen Wylmschwerer ‖ ... Am ‖ zwelftē tag des Mertzen volendet ‖. – Jungbunzlau: Jiřík Štyrsa 1531. – VD 16 XL 8 – Faksimileausgabe (nach einem seinerzeit in Königsberg befindlichen Exemplar): Michael Weiße, Gesangbuch der Böhmischen Brüder vom Jahre 1531 hrsg. von Wilhelm Thomas, Kassel 1931; Michael Weiße, Gesangbuch der Böhmischen Brüder 1531 in originalgetreuem Nachdruck hrsg. von Konrad Ameln, Kassel und Basel 1957.

C
Anhang

Zu Überlieferung und Edition

Die Ausgabe folgt dem letzten zu Luthers Lebzeiten erschienenen Gesangbuch, das er noch einmal mit einer neuen Vorrede versah:

Geystliche ‖ Lieder. ‖ Mit einer newen vorrhede / ‖ D. Mart. Luth. ‖ Warnung ‖ D. M. L. ‖ Viel falscher meister itzt Lieder tichten ‖ Sihe dich für, vnd
lern sie recht richten ‖ Wo Gott hin bawet sein kirch vnd sein wort ‖ Da wil
der Teuffel sein mit trug vnd mord. ‖ Leipzig. ‖ . – Am Ende: Gedruckt zu ‖
Leipzig ‖ durch Valentin Babst ‖ in der Ritterstrassen. ‖ Zierstück ‖ 1545 ‖ .

Das Buch umfasst 200 Blätter. Es folgt ein zweiter Teil:

Psalmen vnd ‖ Geistliche lieder / welche ‖ von fromen Christen ‖ gemacht
vnd zu ‖ samen gelesen ‖ sind. ‖ Zierstück ‖ Leipzig ‖. – Am Ende: Gedruckt
zu Leipzig / ‖ durch Valentin Babst / in der Ritter- ‖ strassen. ‖ M. D. XLV ‖ .

Das nach seinem Druckerverleger Valentin Babst so genannte „Babstsche Gesangbuch" ist reich mit Buchschmuck verziert, mit ganzseitigen
Holzschnitten, Zierleisten und Initialen und weiteren Schmuckelemen-
ten versehen; Luther lobte die schöne Ausstattung des Buches ausdrücklich in seiner Vorrede. Über seine Mitwirkung wissen wir darüber hinaus
nichts. Weitere Zeugnisse, Briefe etwa zwischen ihm und dem Drucker
oder Nachrichten in Luthers Korrespondenz mit anderen Empfängern,
haben sich nicht erhalten. Auch über die Höhe der Auflage lassen sich keine Angaben machen, und in keinem der erhaltenen Exemplare hat ein
zeitgenössischer Besitzer einen Kaufeintrag hinterlassen.

Babst legte dieser Ausgabe seines Gesangbuchs ein Gesangbuch von
Joseph Klug aus dem Jahr 1543/44 zugrunde:

Geistliche Lie ‖ der zu Wit= ‖ temberg / ‖ Anno 1543. ‖ ... ‖. Am Ende:
Gedruckt zu Wittem= ‖ berg / Durch Joseph ‖ Klug, Anno M.D.XLiiij. –
Benzing-Claus 3559; VD 16 G 850.

Das Exemplar dieser Ausgabe aus der Staatsbibliothek zu Berlin – Preußischer Kulturbesitz – (Libri rari oct. 183) online, desgleichen das Exemplar in der Niedersächsischen Staats- und Universitätsbibliothek Göttingen, 8° Poet. Germ. II, 2513 Rara; vgl. Helmut Kind, Die Lutherdrucke des 16. Jahrhunderts und die Lutherhandschriften der Niedersächsischen Staats- und Universitätsbibliothek Göttingen, Göttingen 1967 (Arbeiten aus der Niedersächsischen Staats- und Universitätsbibliothek Göttingen 6), S. 104 Nr. 306.

Babsts Gesangbuch ist sehr sorgfältig hergestellt und enthält nur wenige Satzfehler. Gelegentlich fehlen Punkte oder Virgeln am Zeilenende. Abbreviaturen sind sehr selten und werden in der Edition aufgelöst; das wiederholt verwendete „vn" wird als „vnd" wiedergegeben. Die wenigen Versehen sind im Folgenden zusammengestellt: S. 32,5 Virgel fehlt; S. 33,24 Virgel nach „ehr" fehlt; S. 34 Überschrift Punkt nach „D" fehlt; S. 38,22 „sein" Babst; „seinem" Klug 1543; S. 50 Überschrift Punkt nach „D" fehlt; S. 56 Punkt nach „XX" fehlt; S. 60 Überschrift Punkt nach „XXII" fehlt; S. 68 Überschrift Punkt nach „D" fehlt; S. 74,12 „ans" Babst („u" und „n" verwechselt); S. 84,26 Virgel fehlt; S. 84,38 Virgel fehlt.

Zur Überlieferung: Von der Ausgabe des Babstschen Gesangbuchs gibt es nach Ausweis des VD 16 noch fünf Exemplare (in Berlin, Leipzig, Rostock, Weimar und Zürich), ein sechstes, das der Staats- und Universitätsbibliothek Göttingen, ein siebentes, das der British Library, und ein achtes in der Württembergischen Landesbibliothek Stuttgart sind dort nicht verzeichnet. – Indes besitzt die Universitätsbibliothek Leipzig kein Exemplar der Originalausgabe, sondern nur eines des Faksimiles von 1929. – Von den verbleibenden ist das Weimarer (A 5: 119) beim Brand der Herzogin Anna Amalia Bibliothek 2004 vermutlich zerstört worden, jedenfalls wird es im Katalog der Bibliothek als „Verlust" deklariert (Katalogeintrag: „Vermutlich Verlust bei Bibliotheksbrand 2004. Verlust / ausgesondert". – Die mir von der HAAB am 25.1.2019 erteilte Auskunft lautet: „Das Buch wurde bisher unter den brandgeschädigten Fragmenten noch nicht aufgefunden. Die Sichtung der sogenannten Aschebücher im Außenmagazin läuft noch, aber große Hoffnungen kann ich Ihnen leider nicht machen. Der Bestand bis 1845 wurde bereits gesichtet und der Band befand sich laut Katalogdatensatz nicht unter den identifizierten Titeln." Er muss daher vorläufig – und leider vielleicht endgültig – als verloren gelten. – Dem Rostocker

Exemplar (Rostock, Universitätsbibliothek, Fm-3856.1 (Warnung fehlt, Jahr 1545?); vgl. dazu Lutherdrucke des XVI. Jahrhunderts. Katalog der Universitätsbibliothek Rostock. Erarb. von Waltraud Wienke, Rostock 1995 (Veröffentlichungen der Universitätsbibliothek Rostock 120), Nr. 363) fehlt das Titelblatt; gleichwohl dürfte es sich um ein Exemplar dieser Ausgabe handeln. – Dem Exemplar in Stuttgart, Württembergische Landesbibliothek, R 16 Lut 2 fehlen die Blätter N8 und O1, im zweiten Teil „Psalmen vnd geistliche Lieder …" die Blätter k1, 4 und 5. – Dem Exemplar in London, The British Library (3437.e.51) fehlt Bl. E 7. (Text: WJr gleuben all an einen Gott und Überschrift zu XVII.).

Damit gibt es nach meiner Kenntnis nurmehr drei vollständig erhaltene Exemplare dieses Gesangbuchs; keines von ihnen ist bisher digitalisiert:

Berlin, Staatsbibliothek zu Berlin – Preußischer Kulturbesitz –, Libri impr. rari oct. 165 (dieses Exemplar lässt sich aus konservatorischen Gründen nicht digitalisieren);

Göttingen, Niedersächsische Staats- und Universitätsbibliothek, 8° Poet. Germ. II 2515 Rara (die Vorlage für das Faksimile 1929). Dieses Exemplar wurde im Jahr 1546 von einem bisher unbekannten Buchbinder gebunden; auf dem Einband befindet sich ein Supralibros: „L S 15 46"; vgl. dazu Kind (s. o.), S. 105 Nr. 308.

Zürich, Zentralbibliothek, 17.918.

Bibliographien: Philipp Wackernagel, Bibliographie zur Geschichte des deutschen Kirchenliedes im XVI. Jahrhundert, Frankfurt a. M. 1855 (Ndr. Hildesheim Zürich New York 1987), S. 199–201 Nr. CDLXXIX. – Friedrich Zelle, Das älteste lutherische Haus-Gesangbuch (Färbefaß-Enchiridion) 1524. Mit Einleitung (Geschichte der lutherischen Gesangbücher) und textkritischem Kommentar hrsg. von Friedrich Zelle, Göttingen 1903, S. 64–73. – WA 35, S. 332 f.: Q. – Benzing-Claus 3563 – VD 16 G 851.

Eine Faksimileausgabe erschien im Bärenreiter Verlag in Kassel zuerst 1929, weitere Auflagen folgten 1966 (2.), 1988 (3.) und 2004 (4. Auflage). – Die Ausgabe von 1929 wurde nach dem Göttinger Exemplar „in originaltreuem Nachdruck hergestellt durch die Man-Druck A-G, München und verlegt im Bärenreiter-Verlag zu Kassel" (Titelrückseite 1929). Die späteren Auflagen enthalten keinen Hinweis auf die Vorlage.

Zur Edition: Die vorliegende Ausgabe bietet die Texte von Luthers Liedern buchstäblich nach der Ausgabe des Babstschen Gesangbuchs von 1545, und zwar im Falle der ersten Strophen des Liedes jeweils nach dem Liedertext, nicht nach der Textierung unter den Noten. Verglichen wurde das Göttinger Exemplar, das auch der Faksimileausgabe zugrunde liegt. Die wenigen Versehen sind korrigiert und oben nachgewiesen.

Konkordanz

Lied	Babstsches Gesangbuch	Evangelisches Gesangbuch	Heidrich-Schilling
Ach Gott, vom Himmel sieh darein	22	273	8
Aus tiefer Not schrei ich zu dir	28	299	11
Christ lag in Todesbanden	8	101	12
Christ, unser Herr, zum Jordan kam	18	202	31
Christum wir sollen loben schon	2	fehlt	16
Der du bist drei in Einigkeit	63	470	36
Dies sind die heilgen Zehn Gebot	14	231	1
Ein feste Burg ist unser Gott	24	362	25
Ein neues Lied wir heben an	39	fehlt	18
Erhalt uns, Herr, bei deinem Wort	30	193	33
Es spricht der Unweisen Mund wohl	23	fehlt	9

Es wolle Gott uns gnädig sein	25	280	10
Gelobet seist du, Jesu Christ	3	23	5
Gott der Vater wohn uns bei	13	138	23
Gott sei gelobet und gebenedeiet	21	214	4
Herr Gott, dich loben wir	36	191	fehlt
Jesaja dem Propheten das geschah	29	fehlt	fehlt
Jesus Christus, unser Heiland, der den Tod überwand	9	102	13
Jesus Christus, unser Heiland, der von uns den Gotteszorn wandt	20	215	6
Komm, Gott Schöpfer, Heiliger Geist	10	126	17
Komm, Heiliger Geist, Herre Gott	11	125	15
Mensch, willst du leben seliglich	15	fehlt	20
Mit Fried und Freud ich fahr dahin	7	519	21
Mitten wir im Leben sind	35	518	3

Nun bitten wir den Heiligen Geist	12	124	19
Nun freut euch, lieben Christen gmein	32	341	2
Nun komm, der Heiden Heiland	1	4	14
Nun lasst uns den Leib begraben	80	520	5
Sie ist mir lieb, die werte Magd	34	fehlt	29
Vater unser im Himmelreich	17	344	30
Verleih uns Frieden gnädiglich	31	421	6
Vom Himmel hoch, da komm ich her	4	24	28
Vom Himmel kam der Engel Schar	5	25	4
Wär Gott nicht mit uns diese Zeit	26	fehlt	22
Was fürchtst du, Feind Herodes, sehr	6	fehlt	32
Wir glauben all an einen Gott	16	183	24
Wohl dem, der in Gottesfurcht steht	27	fehlt	7

Literatur

Textausgaben

D. Martin Luthers Werke. Kritische Gesamtausgabe, Weimar 1883–2009 – zitiert: WA. – WA 35 [Lieder], Weimar 1923. Nachdruck 2001. – WA. Briefwechsel – WA. Tischreden.

Das älteste lutherische Haus-Gesangbuch (Färbefass-Enchiridion) 1524. Mit Einleitung (Geschichte der lutherischen Gesangbücher) und textkritischem Kommentar hrsg. von Friedrich Zelle, Göttingen 1903.

Martin Luther, Die deutschen geistlichen Lieder. Hrsg. von Gerhard Hahn, Tübingen 1967 (Neudrucke deutscherLiteraturwerke N. F. 20).

Luthers Geistliche Lieder und Kirchengesänge. Vollständige Neuedition in Ergänzung zu Band 35 der Weimarer Ausgabe bearb. von Markus Jenny, Köln Wien 1985 (Archiv zur Weimarer Ausgabe der Werke Martin Luthers 4).

Martin Luther, Deutsch-deutsche Studienausgabe. Hrsg. von Johannes Schilling mit Albrecht Beutel, Dietrich Korsch, Notger Slenczka und Hellmut Zschoch 1–3, Leipzig 2012–2016 – zitiert: DDStA.

Martin Luther, Lateinisch-deutsche Studienausgabe. Hrsg. von Wilfried Härle, Johannes Schilling und Günther Warenberg unter Mitarb. von Michael Beyer 1–3, Leipzig 2006–2009 – zitiert: LDStA.

Martin Luther, Die Lieder. Hrsg. von Jürgen Heidrich und Johannes Schilling, Stuttgart 2016 – zitiert: Heidrich-Schilling.

Lass uns leuchten des Lebens Wort. Die Lieder Martin Luthers. Im Auftrag der Franckeschen Stiftungen anlässlich des Reformationsjubiläums 2017 vorgelegt und erl. von Hans-Otto Korth. Mit einem Nachwort von Patrice Veit, Halle/Beeskow 2017.

Evangelisches Gesangbuch, 1992 u. ö.

Bibliographien und Hilfsmittel

Josef Benzing/Claus Helmut, Luther-Bibliographie. Verzeichnis der gedruckten Schriften Martin Luthers bis zu dessen Tod. 2. Aufl. Bd. I, Baden-Baden 1989; Bd. II Baden-Baden 1994 (Bibliotheca Bibliographica Aureliana 10. 143)– zitiert: Benzing-Claus.

Das Deutsche Kirchenlied. Verzeichnis der Drucke von den Anfängen bis 1800 bearb. von Konrad Ameln, Markus Jenny und Walther Lipphardt, Kassel u. a. 1975–1980 (Répertoire International des Sources Musicales B/VIII/1).

Christoph Reske, Die Buchdrucker des 16. und 17. Jahrhunderts im deutschen Sprachgebiet ... 2., überarb. und erw. Aufl., Wiesbaden 2015 (Beiträge zum Buch- und Bibliothekswesen 51).

Karl Christian Thust, Bibliografie über die Lieder des Evangelischen Gesangbuchs, Göttingen 2006.

Verzeichnis der im deutschen Sprachbereich erschienenen Drucke des XVI. Jahrhunderts – VD 16 – ... Stuttgart 1983–2000 (auch online) – ZV Zusatzverzeichnis – zitiert: VD 16.

Literatur

Zu Luthers Leben und Werk

Martin Brecht, Martin Luther 1–3, Stuttgart 1983–1987 (unveränderte Sonderausgabe 2013).

Thomas Kaufmann, Martin Luther, München 2006; [5]2017.

Dietrich Korsch, Martin Luther. Eine Einführung, Tübingen [2]2007

Volker Leppin, Martin Luther, Darmstadt [3]2017.

Heinz Schilling, Martin Luther. Rebell in einer Zeit des Umbruchs, München [4]2017.

Reinhard Schwarz, Luther, Göttingen 1986; [4]2014.

Zu Luthers Theologie

Paul Althaus, Die Theologie Martin Luthers, Gütersloh 1962; [6]1983.

Dietrich Korsch, Die religiöse Leitidee, in: Luther Handbuch hrsg. von Albrecht Beutel. Dritte, neu bearb. und erw. Aufl., Tübingen 2017, S. 115–121.

Bernhard Lohse, Luthers Theologie in ihrer historischen Entwicklung und in ihrem systematischen Zusammenhang, Göttingen 1995.

Reinhard Schwarz, Martin Luther – Lehrer der christlichen Religion, Tübingen 2015; [2]2015.

Zu den Liedern und zur Musik

Ilsabe Alpermann/Martin Evang (Hg.), Mit Lust und Liebe singen. Lutherlieder in Porträts, Göttingen 2018.

Konrad Ameln, Kirchenliedmelodien der Reformation im Gemeindegesang des 16. und 17. Jahrhunderts, in: Das protestantische Kirchenlied im 16. und 17. Jahrhundert. Text-, musik- und theologiegeschichtliche Probleme. Hrsg. von Alfred Dürr und Walther Killy, Wiesbaden 1986 (Wolfenbütteler Forschungen 31), S. 61–71.

Walter Blankenburg, Johann Walter. Leben und Werk. Aus dem Nachlass hrsg. von Friedhelm Brusniak, Tutzing 1991.

Geistliches Wunderhorn. Große deutsche Kirchenlieder. Hrsg., vorgestellt und erl. von Hansjakob Becker ... München 2001; 2. durchges. Aufl. 2003; 2009 (C. H. Beck Paperback 1928).

Gerhard Hahn, Evangelium als literarische Anweisung. Zu Luthers Stellung in der Geschichte des deutschen kirchlichen Liedes, München und Zürich 1981 (Münchener Texte und Untersuchungen zur deutschen Literatur des Mittelalters 73).

Jürgen Heidrich, Die frühreformatorische Kirchenmusik im Spannungsfeld von Tradition und Innovation. Johann Walters *Geystliche gesangk Buchleyn* in: Die Reformation. Fürsten, Höfe, Räume. Hrsg. von Armin Kohnle und Manfred Rudersdof unter Mitarb. von Marie Ulrike Jaros, Stuttgart 2017 (Quellen und Forschungen zur sächsischen Geschichte 42), S. 231–240.

Matthias Herrmann (Hrsg.), Johann Walter, Torgau und die evangelische Kirchenmusik, Altenburg 2013.

Andrea Hofmann, Psalmenrezeption im reformatorischen Liedgut. Entstehung, Gestalt und konfessionelle Eigenarten des Psalmlieds 1523–1650, Leipzig 2015 (Arbeiten zur Kirchen- und Theologiegeschichte 45).

Markus Jenny, Luther, Zwingli, Calvin in ihren Liedern, Zürich 1983.

Markus Jenny, Luthers Gesangbuch, in: Leben und Werk Martin Luthers 1526–1546. Festgabe zu seinem 500. Geburtstag ... hrsg. von Helmar Junghans, Göttingen 1983, S. 303–321.825–832.

Liederkunde zum Evangelischen Gesangbuch Heft 1 ff. Göttingen 2000 ff. (Handbuch zum Evangelischen Gesangbuch 3).

Inge Mager, Lied und Reformation. Beobachtungen zur reformatorischen Singbewegung in norddeutschen Städten, in: Das protestantische Kirchenlied im 16. und 17. Jahrhundert. Text-, musik- und theologiegeschichtliche Probleme. Hrsg. von Alfred Dürr und Walther Killy, Wiesbaden 1986 (Wolfenbütteler Forschungen 31), S. 25–38.

Inge Mager, „Dass Christus unser Lob und Gesang sei". Martin Luthers impulsgebender Beitrag zum evangelischen Kirchengesang, in: Luthers Lieder. Ein feste Burg. Hrsg. von Reinhard Marwick, Leipzig 2015, S. 9–23.

Wichmann von Meding, Luthers Gesangbuch. Die gesungene Theologie eines christlichen Psalters, Hamburg 1998 (Schriftenreihe Theos 24).

Johannes Schilling, Musik., in: Luther Handbuch hrsg. von Albrecht Beutel, Tübingen ³2017, S. 276–284.

Johannes Schilling, „Die Musik ist eine herrliche Gabe Gottes". Martin Luther und die Reformation der Musik, in: ders., Das Evangelium in der Geschichte der Frömmigkeit. Hrsg. von Dietrich Korsch und Jan Lohrengel, Leipzig 2016, S. 187–201.

Johannes Schilling, Die erhaltenen Exemplare von Georg Rhaus *Symphoniae iucundae* (1538) und Martin Luthers Vorrede in: ders., Das Evangelium in der Geschichte der Frömmigkeit …, S. 173–186.

Johannes Schilling, Luthers Lieder - eine Summe seiner Theologie, in: Lutherische Theologie und Kirche 42, 2018, S. 133–154.

Johannes Schilling, Die Geburt des Gesangbuchs aus dem Geist des Evangeliums, in: Das Gesangbuch und seine Bilder. Voraussetzungen, Gestaltung, Wirkung. Hrsg. von Esther P. Wipfler, München 2020 (Veröffentlichungen des Zentralinstituts für Kunstgeschichte in München 53. Schriften der Forschungsstelle Realienkunde 6).

Patrice Veit, Das Kirchenlied in der Reformation Martin Luthers. Eine thematische und semantische Untersuchung, Stuttgart 1986 (Veröffentlichungen des Instituts für Europäische Geschichte 120).

Patrice Veit, Das Gesangbuch als Quelle lutherischer Frömmigkeit, in: Archiv für Reformationsgeschichte 79, 1988, S. 206–229.

Patrice Veit, Lied, in: Das Luther-Lexikon. Hrsg. von Volker Leppin und Gury Schneider-Ludorff, Regensburg 2014, S. 385–389.

Patrice Veit, Nachwort, in: Lass uns leuchten des Lebens Wort (s. d.), S. 309–321.

Zeittafel

1521	Bann gegen Luther. – Verhör auf dem Reichstag zu Worms. Reichsacht über Luther und seine Anhänger. – Aufenthalt auf der Wartburg (bis Frühjahr 1522); Arbeit an der Übersetzung des Neuen Testaments sowie zahlreichen Schriften
1522	Rückkehr nach Wittenberg. Ausbreitung der reformatorischen Bewegung
	Erstes Erscheinen des *Neuen Testaments Deutsch* („Septembertestament")
1523	*Von Ordnung Gottesdiensts in der Gemeinde*
	Formula missae et communionis
1523/24	Jahreswende *Brief an Georg Spalatin* (S. 97 f.)
	Achtliederdruck. Nürnberg (S. 99)
1524	*Erfurter Enchiridien* (S. 100)
	Geistliche Lieder. Wittenberg (S. 100) mit einer Vorrede Luthers (S. 100–102)
1525	Bauernkrieg in Thüringen. – Heirat Luthers mit Katharina von Bora
	De servo arbitrio gegen Erasmus von Rotterdam
1525–1532	Johann der Beständige Kurfürst von Sachsen
1526	Schlacht bei Mohács: Sieg der Türken über die Ungarn
	Deutsche Messe und Ordnung Gottesdiensts
1527	Beginn der innerreformatorischen Auseinandersetzungen über das Abendmahl
1529	*Großer und Kleiner Katechismus*
	Scheitern des Marburger Abendmahlsgesprächs mit Zwingli
	Geistliche Lieder. Wittenberg (verloren), mit einer neuen Vorrede Luthers (S. 106–108)
1530	Reichstag zu Augsburg; Luther darf wegen der Reichsacht Kursachsen nicht verlassen und bleibt auf der Veste Coburg. Melanchthon verfasst im Auftrag der evangelischen Stände das grundlegende Bekenntnis des Luthertums, die *Confessio Augustana.*
1531	Zusammenschluss evangelischer Stände zum Schmalkaldischen Bund
	Geistliche lieder auffs new gebessert zu Wittemberg. Erfurt: Andreas Rauscher (S. 105 f.)

1532–1547	Johann Friedrich der Großmütige Kurfürst von Sachsen
1533	*Geistliche lieder auffs new gebessert zu Wittemberg* (S. 106)
1534	Erscheinen der ersten vollständigen hochdeutschen Bibel in Luthers Übersetzung
1536	*Disputatio de homine.* – *Wittenberger Konkordie,* in der sich die Wittenberger Theologen mit Martin Bucer (für die Oberdeutschen) über die Auffassung des Abendmahls verständigen.
1537–1539	Heftiger Streit in Wittenberg zwischen Luther und seinem ehemaligen Schüler Johann Agricola über den Sinn und die Geltung der theologischen Kategorie „Gesetz"
1538	Nürnberger Bund der katholischen Stände gegen die Protestanten
1539	Erscheinen des ersten Bandes der deutschen Reihe der Wittenberger Gesamtausgabe der Werke Luthers
1540–1541	In Religionsgesprächen in Hagenau, Worms und Regensburg wird vergeblich eine tragfähige Verständigung zwischen den Religionsparteien gesucht.
1541 Dez. 12	*Was fürchtst du dich, Herodes, sehr* (S. 134)
1542	*Christliche Geseng Lateinisch vnd Deudsch / zum Begrebnis* (S. 108)
1543/44	*Geistliche Lieder zu Wittemberg* (S. 110)
1544	Einberufung eines Konzils durch Papst Paul II. nach Trient (eröffnet 1545)
1545	Erscheinen des ersten Bandes der Wittenberger Gesamtausgabe der Werke Luthers
	Geistliche Lieder. Leipzig: Valentin Babst mit einer abermals neuen Vorrede Luthers (S. 242.17–19)
1546	Martin Luther stirbt am 18. Februar in seiner Geburtsstadt Eisleben.

Bisher erschienene Bände dieser Reihe

Band 1
Martin Luther
Von der Freiheit eines Christenmenschen
Herausgegeben und kommentiert von Dietrich Korsch
176 Seiten | Paperback | 12 x 19 cm
ISBN 978-3-374-04259-3 | EUR 9,90 [D]

Band 2
Dietrich Bonhoeffer
Theologische Briefe aus »Widerstand und Ergebung«
Herausgegeben und kommentiert von Thorsten Dietz
184 Seiten | Paperback | 12 x 19 cm
ISBN 978-3-374-05011-6 | EUR 10,00 [D]

Band 3
Karl Barth
Dialektische Theologie
Herausgegeben und kommentiert von Dietrich Korsch
176 Seiten | Paperback | 12 x 19 cm
ISBN 978-3-374-05626-2 | EUR 10,00 [D]

Band 4
Paul Tillich
Rechtfertigung und Neues Sein
Herausgegeben und kommentiert von Christian Danz
168 Seiten | Paperback | 12 x 19 cm
ISBN 978-3-374-05673-6 | EUR 10,00 [D]

Band 5
Gotthold Ephraim Lessing
Die Erziehung des Menschengeschlechts
Herausgegeben und kommentiert von Walter Sparn
144 Seiten | Paperback | 12 x 19 cm
ISBN 978-3-374-05669-9 | EUR 12,00 [D]

EVANGELISCHE VERLAGSANSTALT
Leipzig www.eva-leipzig.de

Tel +49 (0) 341/ 7 11 41 -44   shop@eva-leipzig.de

Band 6
Ludwig Feuerbach
Das Wesen der Religion
Herausgegeben und kommentiert von Georg Neugebauer
192 Seiten | Paperback | 12 x 19 cm
ISBN 978-3-374-05814-3 | EUR 12,00 [D]

EVANGELISCHE VERLAGSANSTALT
Leipzig www.eva-leipzig.de

Tel +49 (0) 341/ 7 11 41 -44   shop@eva-leipzig.de